HELENA KALETTA &
MARLIES FÖSGES

HEILUNG mit Ho'oponopono

lieben – vergeben – gesund werden und bleiben

Die Ratschläge in diesem Buch sind sorgfältig erwogen und geprüft. Sie bieten jedoch keinen Ersatz für kompetenten medizinischen Rat. Alle Angaben in diesem Buch erfolgen daher ohne Gewährleistung oder Garantie seitens der Autorinnen oder des Verlages. Eine Haftung der Autorinnen bzw. des Verlages und seiner Beauftragten für Personen-, Sach- und Vermögensschäden ist ausgeschlossen.

ISBN 978-3-8434-1371-8

Helena Kaletta & Marlies Fösges:
Heilung mit Ho'oponopono
lieben – vergeben –
gesund werden und bleiben
© 2018 Schirner Verlag,
Darmstadt

Umschlag: Elena Lebsack, Schirner, unter Verwendung eines Bildes (Hibiskusblüte) von Elena Lebsack und #383488261 (© PHOTOCREO Michal Bednarek), #53618815 (© yellowpixel) und #188233268 (© chocoma87), www.shutterstock.com
Layout: Elena Lebsack, Schirner
Lektorat: Claudia Simon, Schirner
Printed by: Ren Medien GmbH, Germany

www.schirner.com

1. Auflage September 2018

Alle Rechte der Verbreitung, auch durch Funk, Fernsehen und sonstige Kommunikationsmittel, fotomechanische oder vertonte Wiedergabe sowie des auszugsweisen Nachdrucks vorbehalten

Inhalt

Was dich erwartet **9**

Gesundheit! **13**

Nur fünf Sätze **15**
Was ist Ho'oponopono, und wozu dient es? 15
We are family – Die Bedeutung der Ohana 20
Ho'oponopono für sich und andere 21
Die Anwendung der fünf Ritualsätze 23

**Anderen die Schuld geben oder
selbst die Verantwortung übernehmen?** **29**
Unsere Erfahrungen und wie sie uns prägen 35
Die Neins in unserem Leben 36
Aloha: Ja als Lebenseinstellung 40
Vom Nein zum Ja – Claires Geschichte 44

Glaube, Gebete und Magie **51**

**Jede Krankheit ist eine Chance
für deine Entwicklung** **59**
Bekämpfen oder annehmen? 60
Die Botschaft verstehen 63
Krankheit als Geschenk: Der Krankheitsgewinn 70
Hilfe annehmen, Hilfe geben 71

Sich behandeln lassen (müssen) 76
Ho'oponopono als Begleitung bei Unfällen und Operationen 83
Ängste und Phobien 88
Stress und Überforderung 92
Nahrung: Unsere »Mittel zum Leben« 95

Von der Geburt bis zum Tod 103
Während der Schwangerschaft 103
Die Geburt 106
Wenn das Kind nicht schläft 111
Der hawaiianische Umgang mit dem Tod 115
Offene Rechnungen 119
Mit dem Tod Frieden schließen 123

Der Sinn des Lebens 129

Ja zum Leben, ja zur Liebe - Aloha! 133

Häufig gestellte Fragen 137
Warum fängt jeder Ritualsatz mit »Ich« an? 137
Muss ich an Gott glauben, um Ho'oponopono anwenden zu können? ... 138
Warum ist die Frage nach der Schuld nicht hilfreich? 138
Wann und wo wende ich Ho'oponopono am besten an? 139
Muss ich die Sätze des Ho'oponopono laut aussprechen? 138
Muss ich die Sätze des Ho'oponopono von Anfang an so fühlen,
wie ich sie sage? 140
Warum und wie oft soll ich das Ritual wiederholen? 141
Warum soll ich die fünf Sätze mit einer Anrede beginnen? 141
Soll ich den Grund für den Konflikt konkret benennen? 142

Ist es besser, Ho'oponopono allein oder in einer Gemeinschaft
zu praktizieren?.. 143
Kann man die Reihenfolge oder die Wortwahl der Ritualsätze variieren?........... 143
Kann Ho'oponopono eine ärztliche oder heilpraktische
Behandlung ersetzen?... 144

Über die Autorinnen 147

Bildnachweis... 152

Was dich erwartet

Aloha, liebe Leserin, lieber Leser!
Seit 2002, als ich in Hawaii in Ho'oponopono ausgebildet wurde, praktiziere ich dieses hawaiianische Vergebungsritual regelmäßig selbst. Beeindruckender als meine eigenen Erfahrungen sind jedoch die Erfolgsberichte der vielen Menschen, die an meinen Workshops und Vorträgen teilgenommen und sich in Einzelsitzungen von mir haben beraten lassen. Menschen aus allen Schichten und Altersgruppen suchen Hilfe für die verschiedenartigsten Probleme. Häufig haben sie bereits viele Dinge ausprobiert, ohne dass sie eine nachhaltige Lösung gefunden hätten. Umso größer ist dann oft das Erstaunen, dass eine so einfach anzuwendende Methode wie Ho'oponopono die Wende bringt.

Das gilt ganz besonders für alle Themen rund um unsere Gesundheit, denen sich dieses Buch widmet. Wer krank ist, sei es akut oder chronisch, wird das entweder resigniert hinnehmen oder aber alles Erdenkliche dafür tun, seine Gesundheit wiederzuerlangen. Letzteres bedeutet, wirklich die Verantwortung für sich selbst zu übernehmen und sich auch unbequemen Fragen zu öffnen: »Welchen Gewinn bringt mir diese Erkrankung? Welche Chance liegt darin? Wie haben meine eigenen Einstellungen und Prägungen dazu beigetragen, dass ich krank geworden bin?«

Heutzutage setzt sich zunehmend die Erkenntnis durch, dass nur wir selbst uns heilen können. Alles, was Ärzte, Heilpraktiker oder Heiler für uns tun, unterstützt lediglich unsere eigene innere Absicht. Wir selbst müssen uns für Gesundheit entscheiden. Medikamente und Operationen werden wirkungslos bleiben, wenn wir innerlich nicht davon überzeugt sind, gesund werden zu können.

Jedes einzelne Erlebnis in unserem Leben hat uns geprägt; sowohl die angenehmen als auch die schmerzhaften Erfahrungen sind in unseren Körperzellen gespeichert. Sie beeinflussen unser Leben in der Gegenwart mehr, als uns bewusst ist. Allerdings ist es nicht unbedingt so, dass uns negative Ereignisse krank machen. Unsere Einstellung ist entscheidend. So manche Redewendung in unserer Alltagssprache deutet darauf hin, dass wir uns geradezu krank denken können: »sich den Kopf zerbrechen«, »sich etwas zu sehr zu Herzen nehmen«, »sich jeden Herbst eine Erkältung einfangen« …
Wenn wir uns entschließen, uns aktiv für unsere Gesundheit einzusetzen, werden wir viele »Zwiebelschichten« alter Prägungen ablösen müssen, um zu unserem Kern vorzudringen: dem perfekten Wesen, das es verdient hat, gesund zu sein.

In diesem Buch beschreibe ich ausführlich, wie es uns gelingen kann, die Blockaden, die zu unseren Erkrankungen beigetragen haben, Stück für Stück aufzulösen. Während wir das tun, kann es passieren, dass sich immer wieder eine neue Barriere vor uns auftut, die wir in unserem Inneren als Ablehnung, Verweigerung oder Widerstand wahrnehmen. Jedes dieser sogenannten Neins erfordert eine bewusste Entscheidung, den nächsten Schritt zu wagen. Jedes Nein kann mithilfe von Hoʻoponopono in ein Ja umgewandelt werden.
Alle meine Lehrer und Meister vermittelten mir, dass erst eine positive Einstellung, also ein inneres Ja, zu Selbstvertrauen, Selbstliebe und zur Freisetzung der heilenden Kräfte führt. Dazu müssen

wir lernen, auf unsere Intuition zu hören und uns unserer Gedanken und Gefühle bewusst zu werden.

Im Laufe dieses Buches werden wir gemeinsam entdecken, wie uns die Anwendung von Ho'oponopono bei der Heilung verschiedener körperlicher und seelischer Erkrankungen unterstützen kann. Zahlreiche Fallbeispiele werden zeigen, dass wir das hawaiianische Vergebungsritual mit unseren Krankheitssymptomen, unseren inneren Organen, aber auch mit dem behandelnden medizinischen Personal oder unseren alten Ängsten praktizieren können. Dem Einsatz von Ho'oponopono sind nahezu keine Grenzen gesetzt. Das Ritual stärkt unsere Vitalität und fördert unsere innere Bereitschaft, gesund zu werden. Die Anwendung ist prophylaktisch ebenso hilfreich wie zur Nachbehandlung einer Erkrankung. Sie ersetzt natürlich keine ärztliche oder heilpraktische Behandlung, kann diese jedoch sehr wirkungsvoll ergänzen.

Zur Unterstützung kann auch mein Kartenset »Ho'oponopono – Die heilsame Kraft der Vergebung« eingesetzt werden. Es gibt dir Impulse für die jeweils anstehenden Themen und kann dich inspirieren, noch mehr mit dir selbst und den dich umgebenden Menschen in Harmonie zu kommen.

Es heißt, Gesundheit sei unser höchstes Gut. Jeder, der von einer schweren Krankheit betroffen war oder ist, wird dies bestätigen. Ho'oponopono bietet uns die großartige Möglichkeit, unsere Gesundung in die eigenen Hände zu nehmen. Dabei wünsche ich dir viel Freude und Erfolg!

Mahalo
Deine Helena Kaletta

Gesundheit!

Das sagen wir, wenn jemand niest. Wir wünschen es uns gegenseitig an Silvester und zum Geburtstag: »Alles Gute für das neue (Lebens-)Jahr, vor allem aber Gesundheit!« »Ist es gesund?«, fragen die Eltern eines Neugeborenen, noch bevor die Nabelschnur durchtrennt wurde. In den ärztlichen Wartezimmern dieser Welt wird täglich der Verlust der Gesundheit beklagt. Ein riesiges Thema! In diesem Buch bringe ich es in Verbindung mit dem hawaiianischen Vergebungsritual Ho'oponopono, wodurch neue Aspekte hinzukommen.

An der ein oder anderen Stelle könnte die Frage auftauchen, ob wir uns jetzt nicht vom Thema entfernen oder wie dies alles miteinander zusammenhängt. Deshalb lade ich dich ein, dir ein Labyrinth vorzustellen. Wer schon einmal durch ein in der Natur angelegtes Labyrinth gegangen ist, weiß, dass es durchaus kein Irrgarten ist, sondern einem klaren Plan folgt. Es gibt nur einen Weg hinein, und man landet ganz von selbst in der Mitte. Manchmal hat man den Eindruck, dem Ziel schon ganz nah zu sein, ist aber noch sehr weit davon entfernt, und manchmal ist es genau umgekehrt. Wer den Mittelpunkt erreicht hat, kann dort nicht bleiben; er muss auf dem gleichen Weg wieder hinaus. Es gibt keine Abkürzung. Das Labyrinth ist ein Symbol für unseren Lebensweg. Deshalb bitte ich dich, alle Wendungen und Windungen in diesem Buch »mitzunehmen« und dich auf das einzulassen, was sie für dich bereithalten. Wenn du am Ende aus dem Labyrinth zurückgekehrt bist, wird sich zeigen, was du alles eingesammelt hast. Im ersten Schritt auf unserem Weg nach innen erläutere ich, wie Ho'oponopono funktioniert.

Nur fünf Sätze

Was ist Ho'oponopono, und wozu dient es?

Als Matthias Anfang sechzig war, wurde bei ihm ein Bauchaortenaneurysma diagnostiziert. Die Ärzte sagten ihm, dass er dreimal operiert werden müsse und jeweils mit langen Krankenhausaufenthalten zu rechnen habe. Seine Frau Helga machte sich große Sorgen um ihn und bat mich um Hilfe. Sie berichtete, dass er sich kaum noch bewegen könne und das Haus nicht mehr verließe. Als ich zum vereinbarten Hausbesuch kam, fand ich bestätigt, dass Matthias in keiner guten Verfassung war. Obwohl er mich mit den Worten »An das, was du machst, glaube ich sowieso nicht; das bringt mir nichts« begrüßte, stimmte er einem Gespräch mit mir zu.
Ich fragte ihn zunächst, was er sich denn in Bezug auf seine Krankheit wünsche. Matthias antwortete, er wünsche sich Frieden mit seiner Situation, insbesondere mit den Ärzten und dem Pflegepersonal, weil er sich ihnen hilflos ausgeliefert fühle. Durch frühere negative Erfahrungen mit Ärzten, Krankenschwestern und dem übrigen Krankenhauspersonal war er äußerst misstrauisch, verunsichert und voller Widerstand. Die bevorstehenden Operationen und Reha-Aufenthalte riefen diese belastenden Erlebnisse erneut in ihm wach. Dies wurde ihm allerdings erst während unseres Gesprächs bewusst.
Ich fragte Matthias: »Was meinst du, wie dich dein Arzt erfolgreicher operieren können wird: Wenn du ihm gegenüber durch Worte, Mimik und Gestik deine Ängste, deinen Widerstand und deine Ablehnung ausdrückst, oder wenn du ihm mit jeder Faser deines Seins

positive Signale von Wertschätzung, Liebe und Vertrauen sendest? Und welchen Einfluss, glaubst du, hat eine negative oder positive Haltung auf die Heilung deines Körpers?«

Wir alle wissen natürlich, dass sich die Dinge besser entwickeln, wenn wir sie in einer positiven Grundstimmung angehen. Auch Matthias räumte dies ein, und so erklärte ich ihm das Ho'oponopono-Ritual und führte es an zwei Tagen mit ihm durch. Zwei Wochen später stand er mit strahlenden Augen vor mir und berichtete sichtlich erleichtert: »Ich muss nicht operiert werden! Ho'oponopono hat mein Leben verändert! Danke!«

Doch was genau ist Ho'oponopono?
Wie ich schon in meinem Kartenset »Ho'oponopono – Die heilsame Kraft der Vergebung« und in meinem ersten Buch »Das Herz für Erfolg öffnen – Mit Ho'oponopono Freude im Job und Fülle auf dem Konto« beschrieben habe, ist es ein Vergebungsritual mit einer langen Tradition und das bedeutungsvollste Konfliktlösungsverfahren der alten Hawaiianer. Es hilft dabei, die Verantwortung für das eigene Leben zu übernehmen, denn moderne Versionen sind so angelegt, dass sie jeder ohne Vorwissen durchführen kann. In jeder beliebigen Situation ist es mithilfe von Ho'oponopono möglich, die eigene negative Einstellung in eine positive zu verwandeln, also ein Nein in ein Ja. Dadurch lassen sich festgefahrene Situationen korrigieren, und neue Wege tun sich auf.

Im Jahr 2002 war ich selbst auf der Suche nach Antworten auf meine Lebensfragen. Ich hatte mich schon eine Weile mit der hawaiianischen Lomi-Lomi-Massage beschäftigt, als sich mir die großartige Gelegenheit bot, bei zwei Kahunas (weise Männer und Frauen, Heil-

priester/-innen) in die Lehre zu gehen. Das hawaiianische Heilwissen war lange Zeit geheim und wurde nur an Hawaiianer – meist Mitglieder der eigenen Familie – weitergegeben. So war es für mich eine große Ehre, dort vor Ort lernen zu dürfen. Bei der Kahuna Margaret Machado vertiefte ich meine Kenntnisse der Lomi-Lomi-Massage. Durch sie lernte ich die Kahuna Mona Kahele kennen, die mich in die zahlreichen Anwendungsmöglichkeiten des Hoʻoponopono-Rituals einwies.
Durch ihre Persönlichkeiten und ihre beinah an Wunder grenzenden Erfolge begeisterten mich die beiden Kahunas für diesen sanften und doch so hilfreichen Weg der Heilung.

Der Begriff »Hoʻoponopono« setzt sich aus dem Wort »Hoʻo« für »eine Handlung in Gang setzen« und dem Wort »pono« für »richtig« zusammen. In der Verdopplung »ponopono« wird daraus »richtigstellen, in Ordnung bringen«. Hoʻoponopono ist demnach ein Werkzeug, um eine Handlung in Gang zu setzen, sodass eine belastende Situation wieder in Ordnung kommt.

Durch die Anwendung des Rituals habe ich sowohl in meinem privaten Leben als auch in meiner Beratungstätigkeit und in meinen Workshops schnelle und nachhaltige Korrekturen vieler Probleme erleben dürfen. Auch du kannst – ebenso wie Matthias – durch Hoʻoponopono Krankheiten, Krisen oder Stress in Gesundheit, Vitalität und inneren Frieden umwandeln.
Ganz konkret können wir die fünf Ritualsätze bei den folgenden Gelegenheiten aussprechen:
- vor und während eines belastenden Arzttermins
- vor und während einer wichtigen Untersuchung

- nach einer besorgniserregenden Diagnose
- unmittelbar beim akuten Auftreten einer Erkrankung
- unterstützend nach einem Unfall
- bei einem Notfall, bis ärztliche Hilfe eintrifft
- nach einer schmerzhaften Untersuchung oder Behandlung
- nach einer Auseinandersetzung/einem Konflikt mit dem ärztlichen Personal
- zur besseren Verträglichkeit von Medikamenten
- zur Vorbereitung auf eine Operation
- zur Kommunikation mit unseren Krankheitssymptomen und Organen
- um innere Widerstände gegen den Arzttermin und/oder eine notwendige Behandlung zu überwinden
- wenn uns innere Neins gegen Gesundheit bewusst werden
- um alte Verletzungen zu heilen
- wenn Vorfahren an der gleichen Krankheit gelitten haben
- wenn wir negative Gedanken und Gefühle im Zusammenhang mit einer Krankheit in uns wahrnehmen
- bei jeder Art akuter Ängste, Sorgen und Aufregungen im Zusammenhang mit unserer Gesundheit
- wenn wir unsicher sind, welche Behandlung die richtige ist
- im Umgang mit psychischen/psychosomatischen Beschwerden und Erkrankungen
- zur Vorsorge, um gesund zu bleiben
- zur Nachsorge, um die Heilung zu beschleunigen
- bei allen Belangen rund um Schwangerschaft und Geburt
- um die eigene Gesundheit zu stärken
- um andere Menschen in Krankheitszeiten zu unterstützen
- um Tiere und Pflanzen beim Gesundwerden zu unterstützen

- um den Umgang mit Behörden und Entscheidungsträgern positiv zu gestalten
- zur Begleitung von Sterbenden

Dies sind nur einige Anwendungsbeispiele. Ho'oponopono bietet uns die Möglichkeit, unsere Gesundheit in die eigenen Hände zu nehmen und mündige Patienten zu sein, die selbst wissen, was gut für sie ist. Wir vertrauen unserer Intuition und der allumfassenden Liebe, dem stärksten Heiler der Welt. In einem ausgeglichenen Zustand ist unser ganzes System viel leichter in der Lage, Krankheitserreger abzuwehren und mit uns selbst, unseren Mitmenschen und der Umwelt in Harmonie zu sein. Durch die Anwendung von Ho'oponopono können wir jede medizinische Behandlung sinnvoll unterstützen. Wenn wir unsere eigenen Möglichkeiten ausschöpfen und gleichzeitig die Vorzüge moderner Behandlungsmethoden akzeptieren und in Anspruch nehmen, sind wir mit unserem Wunsch, gesund zu werden und zu bleiben, auf einem guten Weg.

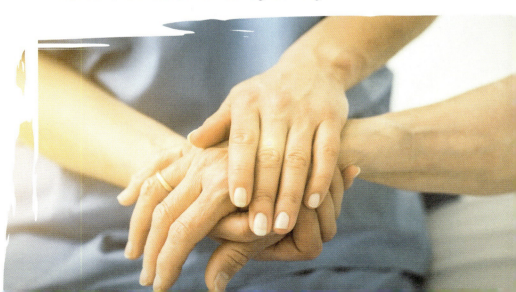

We are family – Die Bedeutung der Ohana

In Hawaii bezeichnet »Ohana« die Familie in einem sehr umfassenden Sinn. Nicht nur die Herkunftsfamilie und die jetzige Familie gehören dazu, sondern auch Freunde, Bekannte, Arbeitskollegen, ja, im Prinzip alle Lebewesen auf diesem Planeten. Das bedeutet, dass jeder Konflikt, egal welcher Art, nicht nur die ganze Gemeinschaft etwas angeht, sondern sich auch auf alle Mitglieder dieser Gemeinschaft auswirkt. Bei der Durchführung des Ho'oponopono-Rituals sind daher alle von diesem Konflikt Betroffenen anwesend.

Wenn jemand mit dieser Art von Gemeinschaftsgefühl aufgewachsen ist, haben Gedanken des Alleinseins und Getrenntseins – anders als bei uns – gar keinen Raum. Stattdessen fühlt man sich mit allem, was einen ausmacht, gut aufgehoben, auch mit seinen Ängsten oder Erkrankungen. Jeder in der Ohana ist gleich wichtig. Ein solcher gesellschaftlicher Hintergrund stärkt den Einzelnen ganz enorm und erlaubt ihm, sich auch mit seinen Schwächen zu zeigen und diese sogar als Hinweis auf den nächsten Entwicklungsschritt anzuerkennen.

Ho'oponopono für sich und andere

Dem Gedanken der Ohana entsprechend kann man Ho'oponopono nicht nur für sich selbst, sondern auch für andere einsetzen. Nach hawaiianischem Verständnis bringen Störungen und Krankheiten jeglicher Art nicht nur eine Person, sondern alle Beteiligten in eine destruktive Schleife. Durch die Anwendung des Vergebungsrituals kann diese negative Wiederholung auf sanfte Weise unterbrochen werden. Im folgenden Beispiel habe ich erlebt, wie sogar ein Tier von Ho'oponopono profitieren konnte.

Die Hündin und der falsche Knochen
Die Border-Collie-Hündin Susi bekam beim Weihnachtsessen von ihrer Besitzerin Anette einen Knochen von der Weihnachtsgans. Anette hatte nicht bedacht, dass Geflügelknochen den Darm des Hundes lebensbedrohlich schädigen können. Tatsächlich lag Susi am nächsten Morgen apathisch auf ihrer Decke und konnte nicht aufstehen. Anette und ihr Mann brachten die Hündin, die vor Schmerzen jaulte, sofort in die Notfallsprechstunde ihrer Tierärztin. Die Untersuchung ergab, dass sich der Gänseknochen buchstäblich in die Darmwand des Tieres bohrte. Die Tierärztin behandelte die Hündin mit Schmerzmitteln und Medikamenten zur Darmheilung. Anette fühlte sich schuldig, zumal ihr Holger Vorwürfe machte und ausrief:»Ich habe es dir gleich gesagt, aber du wolltest ja nicht auf mich hören. Jetzt siehst du, was du angerichtet hast!« Tränenüberströmt lief Anette aus der Praxis. Auf dem Parkplatz besann sie sich auf Ho'oponopono und sprach in ihrer Verzweiflung immer wieder laut die folgenden Sätze:

»Susi, ich vergebe dir.
Susi, ich bitte dich um Vergebung.
Susi, ich vergebe mir.
Susi, ich liebe dich.
Susi, ich liebe mich.«

Allmählich wurde sie etwas ruhiger. Sie kehrte in die Praxis zurück und holte ihren Mann und die Hündin ab, um mit ihnen nach Hause zu fahren. Am Abend sollten sie zur Kontrolle erneut in die Praxis kommen. Auch Holger hatte sich mittlerweile beruhigt und sich erinnert, dass auch er schon häufig die heilende Wirkung von Ho'oponopono erlebt hatte. So wandten sie nun beide das Ritual für das leidende Tier an.
Am Abend ergab die Untersuchung, dass sich der Knochen, der vorher in der Darmwand festgesteckt hatte, gelöst hatte und sich in Richtung Darmausgang bewegte. »Ein Wunder«, befand die Tierärztin. Susi wurde nochmals medikamentös behandelt und durfte dann wieder mit ihren Besitzern nach Hause. Nach wenigen Tagen merkte man ihr von dem Vorfall nichts mehr an.
Anette und Holger waren sehr dankbar, dass sie Ho'oponopono kannten und anwenden konnten. Dadurch hatten sie sich der Situation nicht mehr hilflos ausgeliefert gefühlt. Der Konflikt zwischen den Eheleuten war nicht eskaliert, der Stress hatte sich weder auf die Ärztin noch auf die Hündin ausgedehnt. So konnte ein ursprünglich negativer Vorfall in Liebe umgewandelt werden, die ein Wunder möglich machte.

Ein weiteres Beispiel, wie Ho'oponopono für andere eingesetzt werden kann, erfuhr ich von einer Frau namens Brigitte. Sie hatte meinen Vortrag besucht und sich anschließend mein Kartenset »Ho'oponopono – Die heilsame Kraft der Vergebung« gekauft. Sie schrieb mir, dass sie täglich eine Karte zieht, von der sie sich durch den Tag begleiten lässt. Als sie an einem Morgen die Karte Nr. 17 »Hilf kranken Menschen auf ihrem Genesungsweg« zog, achtete sie auf alles, was mit diesem Thema zusammenhing. Eine ihrer Schülerinnen, die zusammen mit ihrer Mutter ein kleines Pflegeheim für Demenzkranke führte, berichtete, dass einer der Bewohner das Essen verweigert hatte. Nach der Anwendung von Ho'oponopono nahm er das Essen an. Eine alte Dame, die sehr oft schrie, wurde ruhiger. Durch das regelmäßige Praktizieren des Vergebungsrituals wurden sogar die Angestellten entspannter und liebevoller.

Brigitte selbst hat ebenfalls viele positive Veränderungen durch Ho'oponopono erlebt. Ihre E-Mail endete mit den Worten: »Ich bin von der Wirkung vollständig überzeugt und werde es bei jeder sich bietenden Gelegenheit anwenden.«

Die Anwendung der fünf Ritualsätze

Das hawaiianische Vergebungsritual Ho'oponopono besteht aus fünf Sätzen:

Ich vergebe dir.
Ich bitte dich um Vergebung.
Ich vergebe mir.
Ich liebe dich.
Ich liebe mich.

Mit dem ersten Satz, »Ich vergebe dir«, treffen wir die Entscheidung, unserer momentanen gesundheitlichen (oder einer anderen) Situation nicht länger passiv ausgeliefert sein zu wollen. Wir übernehmen die Verantwortung für alles, was uns geschieht, und besonders für unseren Anteil daran. Durch unsere Initiative darf auch auf der anderen Seite (beim Konfliktpartner, bei einem erkrankten Organ …) etwas Neues, eine Veränderung beginnen. Den ersten Satz sprechen wir aus der Position des Gebenden.

Im zweiten Satz, »Ich bitte dich um Vergebung«, gehen wir dagegen in eine nehmende Position. Vielen Menschen fällt es schwer, etwas anzunehmen, sei es wohlwollende Unterstützung, seien es nette Worte oder auch materielle Dinge wie Blumen, Geld und andere Geschenke. Das Wort »annehmen« hat im Deutschen eine doppelte Bedeutung: Es kann ausdrücken, dass wir etwas in Empfang nehmen oder dass wir etwas vermuten oder mutmaßen. Im zweiten Wortsinn sind wir eher bereit, zu vermuten oder anzunehmen, dass etwas Negatives wie Ärger, Stress oder irgendeine Art von Konflikt auf uns zukommt. Vielleicht sind wir mit Sätzen wie »Man soll den Tag nicht vor dem Abend loben« oder »Freue dich nicht zu früh, dann wirst du auch nicht enttäuscht« aufgewachsen, und auf diese Weise sind innere Neins entstanden, als deren Folge wir eher negative als positive Erwartungen haben.

Wenn wir nun den Satz »Ich bitte dich um Vergebung« aussprechen, erlauben wir uns, diese negative Erwartung zunächst ernst zu nehmen, damit wir sie dann korrigieren können. Wir drücken damit auch aus, dass wir vom Gegenüber, mit dem wir das Ritual durchführen, Liebe und Frieden brauchen, damit wir heil und gesund werden können. Wer schon Hoʻoponopono praktiziert hat, kennt die

Erfahrung, sich selbst damit das größte Geschenk zu machen – auch wenn das Aussprechen dieses Satzes eine große Herausforderung sein kann.

Der dritte Satz, »Ich vergebe mir«, erfordert wiederum ein Umdenken. Ich werde oft gefragt: »Wieso soll ich mir selbst vergeben? *Mir* wurde doch wehgetan! *Ich* leide doch!« Mit diesem Satz erkennen wir jedoch an, dass auch wir selbst zu der Situation beigetragen haben. Wir haben uns selbst und möglicherweise auch anderen Menschen wehgetan. Wir haben sogar unbewusst erlaubt, dass andere uns wehgetan haben. Mit diesem Satz übernehmen wir Verantwortung; er hat eine wohltuende Wirkung auf uns, weil wir uns die eigene Beteiligung an der schwierigen Situation vergeben. Der dritte Ritualsatz macht den Weg frei, damit etwas Neues entstehen kann.

Die ersten drei Sätze dienen dem Loslassen von Schmerz und Belastung. Mit den beiden folgenden Sätzen programmieren wir uns quasi neu: Wir laden Liebe, Harmonie und Gesundheit in unser Leben ein. Auch wenn dies sehr positiv klingt, wird es uns häufig nicht auf Anhieb leichtfallen, einer anderen Person, die uns verletzt oder enttäuscht hat, zu sagen: »Ich liebe dich.« Ebenso spüren wir Widerstand gegen diesen Satz, wenn es um eine Erkrankung

geht: »Schulterschmerzen, ich liebe euch.« Etwas, von dem man nur möchte, dass es verschwindet, soll man lieben? Das fühlt sich an, als würde man in eine saure Zitrone beißen. Und doch gibt es gute Gründe, diesen inneren Widerstand zu überwinden.

Die folgenden Ergänzungen können zu einem besseren Verständnis des vierten Satzes führen:
- Ich liebe dich, weil du mich auf meine inneren Neins hinweist, die ich seit Langem in mir trage.
- Ich liebe dich, weil ich durch dich wahrgenommen habe, wie sehr meine Verletztheit mein Handeln bestimmt.
- Ich liebe dich, weil du einmalig und wertvoll bist.
- Ich liebe dich, weil deine Botschaft ein Geschenk für mich ist.
- Ich liebe dich, weil du ein wertvoller Teil meines Lebens bist.

Im letzten Schritt des Rituals bringen wir diese wertschätzenden Gedanken und Gefühle auch uns selbst entgegen:
- Ich liebe mich, weil ich ein wunderbarer Mensch bin.
- Ich liebe mich, weil ich einzigartig und wertvoll bin.
- Ich liebe mich, deshalb höre ich ab sofort damit auf, mich selbst abzuwerten.
- Ich liebe mich, weil ich ein wertvoller Teil der Gemeinschaft bin.
- Ich liebe mich, weil ich für mich und für die Gemeinschaft überaus wichtig bin.
- Ich liebe mich, weil ich göttlich bin.

Das Ho'oponopono-Ritual hat einen logischen Aufbau und Ablauf. Durch das Aussprechen des vierten und fünften Satzes bringen wir, wie im weiteren Verlauf des Buches deutlich werden wird, Liebe und Frieden in eine Konfliktsituation.

Anderen die Schuld geben
oder selbst die Verantwortung übernehmen?

Es war ein heißer Nachmittag in Hawaii. Zu zweit übten wir die Anwendung der Lomi-Lomi-Massage, die auch als »Königin der Massagen« bezeichnet wird. Jede Lomi-Lomi-Massage – so hatte es uns die Kahuna Margaret Machado gelehrt – fängt mit der Frage »Darf ich dich berühren?« an, und sie endet mit »Danke! Mahalo!«. Der Gebende bedankt sich bei dem Empfangenden, nicht umgekehrt. Darin drücken sich Respekt und Liebe für den Empfangenden aus. Es entsteht eine besondere Verbindung, eine Art Tanz, voller Mitgefühl und Verständnis zwischen dem, der die Massage gibt, und dem, der sie empfängt. Dazu gehört auch ein Gebet, das für den Empfangenden gesprochen wird.

Als wir mit dem Üben begannen, fragte mich meine österreichische Übungspartnerin Karin: »Helena, darf ich dich angreifen? Darf ich dich anpacken?« Sofort fühlte ich mich von ihr attackiert. Ich war von ihrer Wortwahl schockiert und bekam Angst. Was wollte sie? Mich angreifen? Ich spürte ein wütendes Grummeln in meinem Bauch und war nicht in der Lage, ihr eine positive Antwort zu geben. Mir war nicht klar, dass »angreifen« und »anpacken« im Österreichischen ein Synonym für das deutsche »anfassen, berühren« waren. Voller Wut richtete ich mich auf und ging in den Kampfmodus. Ich war überzeugt, dass die Schuld für diese Situation ganz allein bei Karin lag.

Bis dahin entsprach es meinem »europäischen« Denken, Fehler stets bei anderen statt bei mir selbst zu suchen. Wen hatte ich

nicht schon für die Schwere in meinem Leben verantwortlich gemacht? Meine Mutter, mein Vater, meine gesamte Herkunftsfamilie, meine Schwiegereltern, die Geschwister meines Mannes, meine Freundinnen, meine Nachbarn, ja, sogar mein Mann und auch meine Kinder – sie alle waren schon von mir für die Missverständnisse und Probleme in meinem Leben verantwortlich gemacht worden. Ich selbst aber trug natürlich keine Schuld, denn ich hatte ja nichts falsch gemacht!
Dann kam ich nach Hawaii und erlebte, dass es dort diese Art Schuldzuweisung nicht gab. Auch in Hawaii war nicht alles perfekt und heil. Aber mein übliches Verhalten, anderen Menschen die Schuld zu geben, wenn es mir körperlich oder emotional nicht gut ging, war hier unbekannt. Und so lernte ich langsam und schmerzhaft, dass nur ich selbst die Verantwortung für meinen Körper, meine Gesundheit und mein gesamtes Leben übernehmen konnte.

An diesem Nachmittag bekam ich dank meiner österreichischen Übungspartnerin Karin eine Extralektion, denn unsere Lehrerin ließ mir die Schuldzuweisung nicht durchgehen. Sie spürte meine negative Energie und schickte uns beide zum Ozean, damit wir dort die kämpferische Stimmung zwischen uns klären, die Missverständnisse korrigieren und die Liebe wiederherstellen konnten. Denn mit Wut im Bauch darf man nicht massieren; Wut verschließt die Tür zum Herzen und verhindert, dass Liebe fließen kann. Erst wenn diese Situation bereinigt ist, ist man wieder in der Lage, eine Lomi-Lomi-Massage zu geben und zu empfangen. Obwohl mir Karin nun die unterschiedliche Bedeutung der Wörter in Österreich und Deutschland erklärte und mir versicherte, nur positive Absichten gehabt zu haben, fiel es mir nicht leicht, den Schock und die Verletzung loszulassen. Ich erkannte, dass auch Karin verletzt war, und zwar durch die Heftigkeit meiner Reaktion. Ganz allmählich wurde mir bewusst, was für mich zu dieser stressigen Situation beigetragen hatte: Die vierwöchige Ausbildung in Lomi-Lomi-Massage war wundervoll, aber es war auch anstrengend, täglich von acht bis siebzehn Uhr dem in Englisch gehaltenen Unterricht zu folgen. Die Hitze machte es nicht gerade leichter, sich auf das Lernen der menschlichen Anatomie und die Prüfungen zu konzentrieren. Durch das Üben der Massage als Gebende und Empfangende kamen Vorbehalte und innere Verbote in mir zum Vorschein. Die intensive Körperarbeit spülte zudem alte Ängste und Verletzungen an die Oberfläche.

Nach einem langen Gespräch konnten Karin und ich unseren Konflikt als glückliche Fügung sehen, aus der wir sehr viel lernen durften. Wir praktizierten Ho'oponopono mit allen Aspekten, die uns einfielen, für uns selbst und füreinander, bis wir lachend und mit offenen Herzen zur Ausbildungsgruppe zurückkehren konnten.

Während meiner Ausbildung wurde ich von den beiden Kahunas angeleitet, meine alten Ängste, Widerstände und Schmerzen – also alles, was ich zu den inneren Neins zähle – mithilfe von Ho'oponopono in Stärken und innere Jas umzuwandeln.

Eine meiner wichtigsten Erkenntnisse war und ist, dass ich immer die Wahl habe, wie ich mich entwickeln will. Ich muss nicht an den alten Prägungen, um deren Entstehung es im nächsten Kapitel, »Unsere Erfahrungen und wie sie uns prägen« (S. 35), gehen wird, festhalten, sondern kann und darf alles, was noch an negativen Informationen in mir vorhanden ist, in Ordnung bringen. Das war eine große Erleichterung für mich und hat den Stillstand, den ich in manchen Lebenssituationen spürte, beendet und mir zu mehr Harmonie, Frieden und Erfolg in meinem Leben verholfen, als ich es je erträumt hatte.

Unsere Erfahrungen
und wie sie uns prägen

Jede einzelne Erfahrung in unserem Leben hat uns geprägt und beeinflusst uns auch heute noch, bewusst und unbewusst. Die Beziehung zu uns selbst und zu allen Menschen, mit denen wir zu tun haben, wird davon berührt. Ebenso haben unsere frühen Prägungen Einfluss auf Berufswahl, finanzielle Situation, Gesundheit und alle anderen Lebensbereiche.

Jeder Mensch erlebt schon als Kind schwere und traurige Augenblicke, sei es Streit zwischen den Eltern, Enttäuschung über nicht erfüllte Wünsche, Krankheit oder Tod einer geliebten Person oder eines Haustiers. Wenn wir diese Erfahrungen nicht verarbeiten, werden sie zur Basis unserer inneren Neins. Diese Neins wirken im Unterbewusstsein wie Blockaden, die verhindern, dass wir unsere Vitalität vollständig leben können.

Auf der Habenseite stehen dagegen die Erfahrungen, geliebt zu werden, Trost und Geborgenheit zu finden, wenn wir es am nötigsten brauchten, oder sich einfach unbeschwert am Leben erfreuen zu können. Alle positiven Erfahrungen unseres Lebens, die inneren Jas, bilden den Pool unserer Ressourcen und ermöglichen es uns, den Herausforderungen des Lebens mit Mut und Kraft zu begegnen.

Alle schwächenden und stärkenden Erlebnisse werden im Gedächtnis und im Körperbewusstsein abgespeichert; die eindrücklichsten haben wir in unseren ersten Lebensjahren erfahren, und wir erinnern uns meistens auch später noch so detailliert an sie, dass wir die beteiligten Personen und die Umgebung beschreiben können. Mehr noch: Es ist, als ob ein Fenster in unserem Inneren aufgeht und alle Sinneseindrücke einer Situation als Gesamtpaket freigibt. Die Farben eines Sommertages, das Summen der Bienen im Garten, der süße Duft wilder Erdbeeren, das Gefühl von Leichtigkeit – und dann plötzlich diese schneidende Stimme von oben: »Steh sofort auf! Sieh nur, wie dein Kleid aussieht!« Was haften bleibt, ist die Erinnerung an ein kleines Mädchen, das weinend an der Hand eines Erwachsenen weggezerrt wird und sich schuldig fühlt, ohne den Grund zu kennen. Genau dieses Schuldgefühl wird möglicherweise später in den leichten, genussvollen Momenten wie aus dem Nichts auftauchen und einer jungen Frau das Gefühl geben, dass Unbeschwertheit nicht in Ordnung ist.

Wenn ich einen Klienten frage, wie er eine solche Situation damals empfunden hat, benutze ich absichtlich die Vergangenheitsform, und auch die Antworten erfolgen zunächst in der Vergangenheitsform, wandeln sich jedoch rasch in die Jetzt-Form, ins Präsens, um. Das zeigt, dass diese Erfahrung nicht nur in unserem Gedächtnis und in unserem Nervensystem abgespeichert, sondern immer noch als Blockade wirksam ist. Sie ist zu einem inneren Nein geworden.

Die Neins in unserem Leben

Die Neins sind die bewussten und unbewussten Stoppschilder, die Barrieren, die zwischen unserem gegenwärtigen und dem gewünschten Zustand stehen. Sie sind die Folgen schwächender Erlebnisse aus unserer Vergangenheit und hindern uns heute daran, glücklich, gesund und voller Lebensfreude zu sein. Sie wirken in unseren

Gedanken wie ein permanentes Störfeuer: »Du schaffst das nicht. Du wirst wieder scheitern. Es ist sinnlos. Es wird nicht funktionieren. Bleib lieber beim Vertrauten. Sonst wirst du nur wieder enttäuscht werden …«

Wenn wir neue Wege ausprobieren wollen, um gesund zu werden oder zu bleiben, können sich die Sätze so anhören: »Diese Methode ist noch nicht erprobt. Der neue Arzt wird dir auch nicht helfen können. Die richtige Medizin/Therapie wurde noch nicht erfunden. Das Personal ist sowieso überfordert und hat keine Zeit für dich. Wahrscheinlich wirst du nie mehr ganz gesund werden …«

Viele Menschen sagen diese Sätze innerlich in der Du-Form zu sich selbst. Das ist ein Hinweis darauf, dass sie solche Aussagen in ihrer Kindheit von den Erwachsenen gehört haben. Wenn dir das bekannt vorkommt, probiere einmal aus, deine negativen Sätze in Ich-Aussagen umzuwandeln: »Ich werde wieder scheitern. Ich bleibe lieber beim Vertrauten. Das Personal hat keine Zeit für mich …« Wahrscheinlich wirst du überrascht feststellen, dass die Sätze durch diese kleine Veränderung an Macht und Einfluss verlieren.

Wenn wir unsere destruktiven Gedanken beibehalten, kann es passieren, dass sich negative Situationen ständig zu wiederholen scheinen und wir das Gefühl haben, auf der Stelle zu treten. Wir stoßen immer wieder an Grenzen, die wir uns nicht erklären können. So haben wir zum Beispiel das Gefühl, alles nur Mögliche für unsere Gesundheit zu tun; trotzdem lassen die Beschwerden nicht nach. Unsere inneren Widerstände, die Zweifel und Mangelgefühle, sind uns gar nicht bewusst. Deshalb kämpfen wir gegen die äußeren Umstände (lange Wartezeit beim Arzt, Medikament wirkt nicht …), bleiben unzufrieden und resignieren vielleicht sogar irgendwann. Diese Art von negativem Denken und Fühlen schwächt unseren

Körper und unseren Geist und entzieht uns die Energie, die wir zum Gesundwerden brauchen. Schlimmer noch: Durch Wortwahl, Mimik und Gestik vermitteln wir unsere innere Haltung auch den Menschen um uns herum, die ihrerseits fast automatisch darauf reagieren. Die folgenden Beispiele verdeutlichen das:

- Bei der Blutabnahme wurde öfter die Vene nicht sofort getroffen, sodass ich jetzt schon ängstlich bin, wenn sich die Arzthelferin meinem Arm nähert. Das verunsichert die Helferin, die daraufhin erst recht Schwierigkeiten hat, ihre Arbeit gut zu machen.
- Mein Misstrauen gegenüber einem Wechsel der Medikation führt dazu, dass sich der Arzt bei der Wahl des Medikamentes zu wenig Mühe gibt und mir zu wenige Informationen darüber vermittelt.
- Ich habe den Physiotherapeuten gewechselt, weil sich durch eine frühere Behandlung in einer anderen Praxis die Rückenschmerzen eher verschlimmert als verbessert hatten. Mit dieser alten Wut und Enttäuschung trete ich nun dem neuen Behandler entgegen, der meine Gefühle unbewusst spürt und von vornherein demotiviert ist.
- Wegen einer anstehenden Operation fühle ich mich gestresst, besorgt und überfordert. Außerdem glaube ich unbewusst, eine Chefarztbehandlung nicht verdient zu haben. Bei der Operation durch einen jungen Assistenzarzt treten Komplikationen auf, die den Heilungsprozess verzögern.
- Mit großer Skepsis entschließe ich mich, ein empfohlenes Nahrungsergänzungsmittel zu nehmen, von dem ich fast sofort Magenschmerzen bekomme, oder eine Sportart auszuprobieren, zu der ich nicht wirklich motiviert bin und bei der ich mich bald darauf verletze.

In all diesen Fällen findet die eigene negative Einstellung eine Resonanz im Außen: Vielleicht wird uns gesagt, unsere gesundheitliche Situation sei besorgniserregend, oder wir haben den Eindruck, dass der Arzt immer nur sehr kurz mit uns reden will. Durch die unbewusst in uns wirkenden Neins können wir eine wohlwollende und liebevolle Behandlung gar nicht annehmen.

Anstatt nun auf die Mitmenschen wütend zu sein, weil sie so schlecht mit uns umgehen, sollten wir für diese Rückmeldungen dankbar sein. Wir brauchen die anderen, weil sie uns unsere alten Muster und Prägungen spiegeln und so in uns die Bereitschaft für Veränderung erst wecken. Dann können wir beginnen, mithilfe von Ho'oponopono unser Denken zu korrigieren und unsere gesundheitlichen Probleme zu lösen.

Aloha: Ja als Lebenseinstellung

In Hawaii wird man mit dem Wort »Aloha« begrüßt; eine seiner zahlreichen Bedeutungen ist »Liebe«. Das Wort setzt sich zusammen aus »Alo«, was »Vorhandensein« oder »Anwesenheit« bedeutet, und »ha«, was übersetzt »Lebensenergie« oder auch »Atem« heißt. Es drückt perfekt die innere Haltung und Lebensweise der Hawaiianer aus. Überall auf den hawaiianischen Inseln hat man das Gefühl, mit Liebe, Achtung und Respekt behandelt zu werden. Der Geist der Harmonie wird nicht nur untereinander gepflegt, sondern auch an die Besucher weitergegeben.
Auch ich habe es so erlebt, dass mir alle Menschen, die ich dort kennenlernen durfte, mit großer Freundlichkeit und positiver Energie begegnet sind. Besonders die beiden Kahunas, von denen ich ausgebildet wurde, zeichneten sich durch eine wohlwollende, liebevolle Grundhaltung voller Lebensfreude aus, durch die ich mich vollkommen wertgeschätzt und geborgen fühlte.

Nun will ich durch meine eigene Arbeit dazu beitragen, den Aloha-Spirit auch zu uns zu bringen, denn in einer Zeit, in der Negativschlagzeilen überwiegen, brauchen wir alle ganz viel Liebe, Hoffnung und Zuversicht, damit wir selbst, unsere Familien und die ganze Gesellschaft heil werden können.

Sowohl in Hawaii und New Mexico als auch in Deutschland vermittelten mir meine Lehrer und Meister, auf meine inneren Stärken und meine Impulse der Liebe zu hören und damit meine Jas zu potenzieren. Die Sätze, die ich von ihnen lernte, geben mir auch heute noch Kraft:

- Ja, traue dich, gehe deinen Weg!
- Ja, verfolge dein Ziel, vollständige Genesung zu erlangen!
- Ja, schaffe dir Freiräume für deine Erholung!
- Ja, du schaffst es!
- Ja, du findest die Menschen, die dich auf deinem Weg zur Heilung unterstützen!
- Ja, deine Wünsche sind wichtig für deine psychische und physische Weiterentwicklung!
- Ja, deine Wünsche bringen positive Veränderungen für dich und damit auch für die Welt!
- Ja, deine Ziele – auch gesundheitliche Ziele – gehen in Erfüllung! Gib diese niemals auf!
- Wenn du hinfällst, dann stehe auf! Habe Vertrauen, und folge deinem Ja! Folge der Liebe, die alles heilt!

Alle großen Meister und Lehrer vermitteln die heilende Kraft der Liebe und der positiven inneren Ausrichtung, weil Körper, Geist und Seele dadurch gestärkt werden. Das wirkt sich sogar unmittelbar auf unser Immunsystem aus. In einer akzeptierenden und vertrauensvollen Grundstimmung fällt es uns leichter, eine Krankheit als Entwicklungsschritt anzunehmen, anstatt uns dagegen zu wehren. Wir sind dann von dem tiefen Glauben getragen, dass alle Ereignisse in unserem Leben einen Sinn haben, auch wenn wir ihn nicht sofort entdecken können. Diese Akzeptanz schließt uns selbst als die Person, die wir nun einmal sind, mit ein. Wer mit sich selbst im Frieden ist, wird auch anderen Menschen liebevoll und wertschätzend begegnen und Wertschätzung zurückerhalten.

Wenn du in dich hineinspürst, weißt du genau, wie sich ein inneres Nein und wie sich ein Ja anfühlt. Du kannst inneren Widerstand ebenso erkennen wie inneres Einverständnis. Die gute Nachricht: Es ist leicht, die inneren Jas zu stärken und zu vermehren. Ein Beispiel aus der Praxis findest du im Kapitel »Vom Nein zum Ja – Claires Geschichte« (S. 44).

Die hawaiianischen Inseln werden oft als Paradies bezeichnet und sind ein beliebtes Reiseziel für diejenigen, die den Aloha-Spirit direkt an der Quelle erleben wollen. In der hawaiianischen Atmosphäre von Verbundenheit, Harmonie und Liebe ist es besonders leicht, das innere Ja zu erspüren. Jede Art von Urlaub und Auszeit kann deine Ressourcen auffüllen und dir Kraft geben. Du musst nicht einmal wegfahren, um aufzutanken und wieder in deiner Mitte anzukommen. Bewegung, Meditieren, Beten, Lachen … es gibt zahlreiche Möglichkeiten, um zu einer positiven Lebenseinstellung zu finden und deine Neins in Jas zu verwandeln. Eine besonders alltagstaugliche und einfach anzuwendende Methode ist das hawaiianische Vergebungsritual Ho'oponopono, wie du bald anhand der Praxisbeispiele sehen wirst.

Dass die meisten Menschen so viele innere Neins mit sich herumschleppen, ist kein Wunder. Kinder hören von ihren Eltern in der Regel viel öfter ein Nein als ein Ja. Dies geschieht zwar häufig in der positiven Absicht, das Kind vor Schaden zu schützen; das Kind wird diese Sätze jedoch trotzdem als Ablehnung wahrnehmen und sich in seinem Wunsch, die Welt zu erkunden, nicht unterstützt fühlen. Hinzu kommen Botschaften wie »Das ist gefährlich, sei lieber vorsichtig« oder »Man kann niemandem trauen«, die viele Menschen in ihrer Kindheit von den Erwachsenen aufgeschnappt haben und die dann im Gedächtnis haften geblieben sind. Nicht zuletzt lenken auch die Medien unsere Aufmerksamkeit eher auf Katastrophen als auf die vielen positiven Ereignisse, die zeitgleich stattfinden und wahrscheinlich, wenn sich das messen ließe, sehr stark in der Überzahl wären.

So kommt es, dass uns die Neins zunächst vertraut vorkommen und wir uns die Jas quasi erarbeiten müssen. Je öfter wir jedoch ein Nein in ein Ja umwandeln, desto leichter wird es. Denn auch »Übung macht den Meister« ist ein Spruch, den wir von unseren Eltern gelernt haben. Wenn wir unsere innere Einstellung immer mehr zum Positiven hin ausrichten, wird sich das auch in unserer Ausstrahlung zeigen und auf unsere Mitmenschen geradezu ansteckend wirken.

Genau das ist es, was wir in unserem Alltag häufig erleben können, wenn wir mit wachen Sinnen durch die Welt gehen: Uns begegnen freundliche und hilfsbereite Menschen, die uns wohlgesonnen sind. Lächeln wir jemandem zu, lächelt er fast automatisch zurück. Wenn wir mit offenem Herzen auf unser Gegenüber zugehen, trifft das in den allermeisten Fällen auf Resonanz. Solche Begegnungen nehmen wir als stärkend wahr; wir fühlen uns entspannt, angenommen und miteinander verbunden. Auch wenn wir nur mit dem Postboten oder der Bedienung im Café ein paar freundliche Worte gewechselt haben, sind wir anschließend positiv gestimmt, und unsere Arbeit geht uns leichter von der Hand. Wissenschaftler haben mittlerweile bestätigt, dass solche angenehmen sozialen Kontakte gesundheitsfördernd und sogar lebensverlängernd wirken. Frei nach den Worten von Laotse: »Geliebt zu werden, macht uns stark. Zu lieben macht uns mutig!«

Vom Nein zum Ja – Claires Geschichte

Die inneren Neins in Jas umzuwandeln, ist keine einmalige Aktion. Der menschliche Entwicklungsprozess wird ja gern mit den vielen Häuten einer Zwiebel verglichen: Kaum hast du eine Schicht abgelöst, liegt bereits die nächste vor dir. Vielleicht gefällt dir das Bild, durch ein Haus mit ganz vielen Türen zu gehen; manche sind verschlossen, andere sind nur angelehnt oder springen von selbst auf. Sobald du eine Tür geöffnet und einen Raum betreten hast, befindest du dich vor einer neuen Tür. Steht ein Nein darauf oder ein Ja? Musst du einen Widerstand überwinden, oder geht es barrierefrei zum nächsten Raum? Der entscheidende Punkt ist, dass du weißt: Es ist dein Haus, es sind deine Türen. Es ist deine Verantwortung. Ho'oponopono kann – ebenso wie viele andere Arten der Bewusstseinsarbeit – der Schlüssel sein, mit dem sich die versperrten Türen öffnen lassen.

Hier nun Claires Geschichte:
Bei der gynäkologischen Ultraschalluntersuchung stellte die Frauenärztin eine Unregelmäßigkeit in Claires rechter Brust fest. Sie

ordnete Mammografie und MRT an. Claires Reaktion war ein inneres Nein: »Das wird schon nichts Schlimmes sein.«

MRT und Mammografie erhärteten die Diagnose der Frauenärztin. Claires inneres Nein: »Es ist bestimmt harmlos. Ich bin kein Risikotyp für Krebs.«

Nach zwei Biopsien stand das Ergebnis fest: etliche Mikrokalkablagerungen, deren operative Entfernung dringend angeraten wurde, da sie als Krebsvorstufe gelten. An diesem Punkt nahm Claire die Erkrankung an (inneres Ja) und beschloss, selbstbestimmt damit umzugehen. Vor allem half ihr der Gedanke: »Es kann mir nichts passieren, was nicht in meinem Seelenplan für mich vorgesehen ist.« Sie holte eine Zweitmeinung ein und entschied sich dann für eine anthroposophisch-ganzheitlich arbeitende Klinik, in der zwei Monate später der Eingriff erfolgte – nachdem Claire ihre berufliche Vertretung geregelt hatte. Sie rechnete damit, für sechs bis acht Wochen in der Firma auszufallen.

Vor dem OP-Termin hatte sich Claire Hilfe bei einer medial begabten Freundin geholt und gefragt: »Ist diese Erkrankung mein Rückfahrticket nach Hause?« Das war ihre Metapher für den Tod. Die Antwort lautete ganz klar: »Nein! Diese Erkrankung ist ein Geschenk! Sie unterstützt dich in einer beruflichen Umbruchphase.« Danach begab sich Claire vertrauensvoll in die Hände der sehr erfahrenen und sympathischen Chefärztin.

Das Laborergebnis nach der ersten OP zeigte, dass eine zweite OP notwendig war. Claires inneres Ja: »Okay, damit bin ich immer noch in meinem Zeitplan; die linke Brust soll ja anschließend der neuen Größe der rechten angepasst werden, und wenn das alles klappt, kann ich in acht Wochen wieder zur Arbeit gehen.« Bei der zweiten OP wurden weitere Mikrokalkablagerungen sichtbar, sodass die Chefärztin zur kompletten Entfernung der Brustdrüse riet. Die Aussicht auf eine dritte Operation innerhalb weniger Wochen schockierte Claire nicht; da sie Chemotherapie und Bestrahlung entschieden ablehnte, schien ihr die Mastektomie eine sichere Alternative zu sein. (inneres Ja)

Jedoch ließ sich ihr Zeitplan nun nicht mehr realisieren. Es würde etliche Monate dauern, bis die Behandlung einschließlich des Brustaufbaus rechts und der Anpassungs-OP der linken Brust abgeschlossen wäre. Claires inneres Nein: »Ich will fertig werden und wieder arbeiten gehen. Ich will mit dieser Erkrankung abschließen können.« Es machte sie wütend, dass die Zukunft nicht mehr planbar war. (alte Prägung: Wunsch nach Sicherheit) Sie fühlte sich ausgeliefert, und ihr Pflichtbewusstsein wehrte sich gegen eine weitere Auszeit. Nach einer Weile erkannte sie, dass sie wohl eher den Erwartungen ihrer Kollegen entsprechen wollte und dass auch hier eine alte Prägung aus ihrer Kindheit wirkte: »Du wirst geliebt, wenn du Leistung bringst.« Nach tagelangem inneren Toben akzeptierte sie: »Es ist, wie es ist. Widerstand ist zwecklos.« (inneres Ja)

Die Operation verlief gut, doch dann entzündete sich die Brust – möglicherweise ausgelöst durch das vorläufige Silikonimplantat. Claire entschloss sich, trotzdem wieder arbeiten zu gehen. (inneres Nein: »Ich ignoriere die Tatsachen.«) Kaum saß sie an ihrem Schreibtisch, fühlte sie sich völlig gestresst; ihrem eigenen Anspruch, die Arbeit der vergangenen vier Monate aufzuholen, konnte sie einfach nicht gerecht werden. (inneres Nein: »Ich fühle mich zerrissen. Was ist richtig? Vielleicht habe ich die falsche Entscheidung getroffen.«)

Ganz allmählich gestand sich Claire ein, dass ihre Zeit in dieser Firma vorüber war; es war eine Erleichterung, sich nicht länger gegen diese Erkenntnis zu wehren oder sie zu ignorieren. Es wurde Zeit für eine berufliche Neuorientierung. (inneres Ja) Sie ließ sich wieder krankschreiben und machte Pläne für eine selbstständige Tätigkeit, von der sie schon lange träumte. (inneres Ja)

Ungefähr ein Jahr nach der Erstdiagnose wurde die linke Brust an die Größe der mit einem Implantat aufgebauten rechten Brust angepasst, wodurch sich Claire endlich wieder »in Balance« fühlte. In der Zwischenzeit hatte sie die Firma mit einer akzeptablen Abfindung verlassen und sich ihr eigenes Geschäft aufbauen können. Ab und zu blitzten kurz ein paar innere Neins auf: »Habe ich alles richtig gemacht? Hätte es nicht schneller gehen müssen? Wäre es nicht sicherer gewesen, angestellt zu bleiben?« Doch dann beruhigte sie sich selbst: »Ich kann die Zeit nicht zurückdrehen. Vermutlich ist alles auf die richtige Art und Weise geschehen.« (Umwandlung in ein inneres Ja)

Zwei Jahre später: Die OP-Narben an beiden Brüsten sind beinah verblasst. Claire ist gesund und voller Energie. Sie ist sehr glücklich, selbstbestimmt arbeiten zu können. Die Ängste, Sorgen und Zweifel, die sie während der Zeit ihrer Erkrankung durchlebt hat, haben – das spürt sie deutlich – eine alte Blockade, deren Ursprung sie nicht kennt, aufgelöst. Die Tränen und die Gefühle von Ärger, Wut und Erschöpfung waren notwendig, damit etwas Neues entstehen konnte. Ihre Krankheit war wahrhaftig ein Geschenk. (inneres Ja)

Claire kannte zu dieser Zeit das hawaiianische Vergebungsritual noch nicht. Aber sie war fest davon überzeugt, dass es das Leben gut mit ihr meinte und ihr nur so viel aufbürdete, wie sie tragen konnte. Da sie die Verantwortung für all ihre Gefühle und Handlungen übernahm und ihrer Intuition vertraute, ging sie bewusst durch einen notwendigen Veränderungsprozess.

Unser Glaube, und damit meine ich unsere tiefsten Überzeugungen und Einstellungen, hat großen Einfluss auf unsere Genesung, wie wir nun im Kapitel »Glaube, Gebete und Magie« (S. 51) sehen werden.

Glaube, Gebete und Magie

Unsere Anatomielehrerin Annie äußerte gelegentlich, dass sie es nur den Gebeten, Gesängen und Ritualen von Margaret Machado zu verdanken habe, dass sie noch lebe. Sie selbst nannte dies ein Wunder. Sie sagte, in Hawaii habe sie dank der Kahuna zu einer positiven Sichtweise gefunden und sich für Heilung öffnen können. Da sie nichts über eine akute Erkrankung erzählte und immer einen gut gelaunten Eindruck machte, fragten wir Schüler nicht weiter nach. Der tägliche Unterricht war anstrengend und verlangte unsere ganze Kraft und Aufmerksamkeit. So kam es für viele von uns überraschend, dass Annie während unserer vierwöchigen Ausbildung an ihrer Krankheit starb. Ich berichte davon später im Kapitel »Der hawaiianische Umgang mit dem Tod« (S. 115).

Das Wunder, von dem Annie gesprochen hatte, war dennoch real. Wir erfuhren erst nach ihrem Tod, dass sie von ihren amerikanischen Ärzten längst aufgegeben worden war und durch ihre Zeit in Hawaii nicht nur eine neue Aufgabe als Anatomielehrerin gefunden, sondern auch sehr viel Lebensfreude und Verbundenheit erlebt hatte.

»Wunder kommen zu denen, die an sie glauben«, sagt ein französisches Sprichwort. Als Wunder bezeichnen wir das Unerwartete, etwas, womit nicht zu rechnen war, zum Beispiel Spontanheilungen. Manchmal werden sie »glückliche Fügungen« oder »Zufälle« genannt. Sie sind nicht mit dem Verstand zu erfassen, aber selbst der rationalste Mensch wird einräumen müssen, dass er die Erlebnisse und Begegnungen, die sein Leben am nachhaltigsten beeinflusst haben, nicht planen konnte. Sie sind einfach im richtigen Moment geschehen. Wenn wir Augen, Ohren und Herz öffnen, können wir solche Wunder und Synchronizitäten überall wahrnehmen.

Allein schon der menschliche Körper in seiner ganzen Komplexität und Perfektion ist ein Wunderwerk. Die Natur mit all ihren Formen und Farben ist voller Wunder. Der Naturforscher Georg Christoph Lichtenberg (1742–1799) drückte es so aus: »Wunder geschehen plötzlich. Sie lassen sich nicht herbeiwünschen, sondern kommen ungerufen, meist in den unwahrscheinlichsten Augenblicken, und widerfahren denen, die am wenigsten damit gerechnet haben.«

Die Menschen in Hawaii haben sich – viel mehr als wir Europäer – den Glauben an Wunder bewahrt. Sie fühlen sich auf ganz selbstverständliche Weise mit der universellen Schöpferkraft verbunden. Auch mir fiel es in Hawaii leichter, für magische Momente offen zu sein. Die andere Umgebung abseits meines normalen Alltags, Sonne, Meer, die Fülle an exotischen Pflanzen – das alles trug seinen Teil dazu bei. Aber vor allem war es die allgegenwärtige harmonische Schwingung des Aloha-Spirits, die mein Herz berührte. Ganz wie von selbst tauchte ich in diese leichte und lichte Atmosphäre ein, in der das Unsichtbare ein normaler Bestandteil des Lebens war. Mein Glaube an eine höhere Macht, an die universelle Liebe, an Gott oder wie auch immer man es nennen will wurde gestärkt.
Das lag sicher auch daran, dass für die beiden Kahunas, von denen ich ausgebildet wurde, Beten zu jeder Zeremonie dazugehörte. Es kam mir oft so vor, als ob ihr ganzes Leben ein Gebet wäre: Ausdruck einer innigen Verbindung mit dem Göttlichen. Vielleicht

ist das kontemplative Leben der Mönche und Nonnen in unseren Klöstern damit vergleichbar.

Zu Beginn jeder Lomi-Lomi-Massage und jeder hawaiianischen Heilbehandlung werden durch ein gesprochenes oder gesungenes Gebet (auf hawaiianisch »Pule«) heilende Energien eingeladen. Die Person, die die Massage oder Heilbehandlung gibt, verbindet sich auf diese Weise mit der göttlichen Kraft, damit die Behandlung das Richtige bewirken kann. Zur Unterstützung werden gern die Vorfahren, weise alte Meister und Lehrer, Engel, Christus und/oder die Göttin Pele eingeladen und um ihren Segen gebeten. Wie es Schamanen überall auf der Welt tun, so erbitten auch die Kahunas die heilenden Energien des Himmels und der Erde sowie aller Elemente für den Gebenden, den Empfangenden und die gesamte Ohana. Sie empfinden sich selbst hauptsächlich als Kanal für diese Energien und sind dankbar, diese Aufgabe erfüllen zu dürfen.

Wissenschaftliche Untersuchungen können mittlerweile tatsächlich nachweisen, dass kranke Menschen, für die gebetet wird, schneller gesund werden. Es heißt ja auch, dass man sich in Zeiten der Not leichter wieder auf den Glauben an Gott und auf das Beten besinnt.
So erging es mir vor einigen Jahren, als ich wegen einer Gallenkolik ins Krankenhaus eingeliefert wurde. Die Frau, die im Vierbettzimmer das Bett mir gegenüber hatte, fiel mir sofort durch ihr ununterbrochenes Zetern und Schimpfen auf. Damit nicht genug, rannte sie auch noch ständig an meinem Bett vorbei zur Toilette.
Wer schon einmal eine Gallenkolik hatte, kennt die damit verbundenen schrecklichen Schmerzen. Ich lag zusammengekrümmt in meinem Bett und fühlte mich hilflos und ausgeliefert. Aus einer Infusionsflasche tropfte zwar langsam ein Schmerzmittel in meine Vene, aber ich spürte noch keine Wirkung. Allerdings nahm ich überdeutlich diese immerzu laut redende Person wahr. Ich zog mir die Decke über den Kopf und schrie innerlich um Hilfe. Fast sofort spürte ich den Impuls, den Engelanhänger von meinem Schlüsselbund abzunehmen. Ich nahm ihn in die Hände und begann zu beten: »Bitte, lieber Gott, liebe Engel, bitte, himmlische Wesen, ich brauche Hilfe, ich kann nicht mehr. Ich halte die Schmerzen und dieses Gezeter nicht länger aus. Ich bitte euch um Hilfe und Heilung.« Die ganze Zeit klammerte ich mich an den Engelanhänger, während ich darum betete, dass jemand vorbeikäme, der sowohl mir als auch der anderen Patientin helfen würde. Ich betete so lange, bis das Schmerzmittel endlich wirkte und ich einschlief. Ich schlief so fest, dass ich nichts davon mitbekam, was kurz darauf geschah; es wurde mir später von den anderen Patientinnen erzählt.
Eine fremde Ärztin erschien und fragte die laute Patientin nach ihren Beschwerden. Schnell erkannte sie, dass die kranke Frau zu

hoch dosierte Medikamente erhielt. Sofort reduzierte sie die Dosis, gab ihr ein Beruhigungsmittel und wies die Stationsschwestern an, die Krankenakte zu korrigieren. Als ich aufwachte, war meine Bettnachbarin ruhig und zufrieden. Von da an ging es auch mir besser. Ich bedankte mich bei der Geistigen Welt und den unsichtbaren Helfern, die uns unterstützt hatten.

Die Frau, die mich so genervt hatte, fühlte sich während der restlichen Tage meines Aufenthalts zu mir hingezogen und fragte mich, woher wir uns kennen würden. Die einzige Verbindung zwischen uns war jedoch mein Gebet für sie. Offenbar spürte sie, dass da etwas Besonderes war, konnte es aber nicht deuten, und erzählte daher allen, es sei ein Wunder geschehen. Weil sie sich bedanken wollte, erkundigte sie sich überall nach der Ärztin, die durch ihr Eingreifen ihren Gesundheitszustand so positiv verändert hatte. Merkwürdig war aber, dass weder die Stationsschwestern noch sonst jemand diese Ärztin kannte. Die Schwestern versicherten, sie könne nicht von einer anderen Station gekommen sein, denn das sei absolut unüblich. So blieb das Erscheinen dieser rettenden Ärztin für uns alle ein Rätsel.

An meinem Entlassungstag fragte ich die Geistige Welt, ob ich für meine Bettnachbarin noch etwas tun könne, und bekam die Antwort, ich solle ihr den Engelanhänger geben. Obwohl es mir schwerfiel, weil ich selbst sehr an dem Anhänger hing, folgte ich dem Impuls. Meine Mitpatientin nahm den Engelanhänger entgegen und begann sofort zu weinen. Sie sagte, das sei eines der größten Geschenke, das sie je bekommen habe. Dankbar sah sie mich an und wünschte mir alles Gute. Ich selbst fand später alternative Behandlungsmethoden für meine Galle, die glücklicherweise eine operative Entfernung überflüssig machten.

So wie in diesem Fall erfahre ich es immer wieder, dass ich innere Impulse und Hinweise für den nächsten notwendigen Schritt bekomme. Wenn man diese Impulse nicht auf Anhieb versteht, kann man sich »Übersetzungshilfen« in Form einer Beratung, eines Workshops oder auch einfach durch ein Buch holen.

Wir dürfen unsere Sorgen und Probleme an die Geistige Welt abgeben und um Hilfe bitten. Ich habe es oft erlebt, dass mir besonders die Erkrankungen, die den Körper zur Ruhe zwingen und das Gedankenkarussell im Kopf anhalten, den Zugang zum Unsichtbaren erleichtert haben. Wenn wir uns dafür öffnen können, spüren wir, dass wir niemals allein sind. Mein eigener Glaube wuchs mit jedem Wunder, das ich während der vergangenen Jahrzehnte in meiner Praxis und in meinem Privatleben durch die Anwendung von Ho'oponopono erfahren habe.

Während in früheren Zeiten das Wissen der Kahunas geheim gehalten und vor Fremden geschützt wurde, werden die traditionellen hawaiianischen Rituale und Heilkünste heutzutage glücklicherweise nach und nach für alle Menschen freigegeben. Nur die Kahunas selbst wissen, was noch alles im Verborgenen liegt und welche Wunder sie zu vollbringen imstande sind, doch darüber reden sie nicht. Meine beiden Ausbilderinnen strahlten eine solche Bescheidenheit aus, dass ich erst viel später realisierte, wie bedeutend und anerkannt sie bei den Einheimischen waren.

Vielleicht habe ich deshalb bei meinen Aufenthalten in Hawaii immer das Gefühl gehabt, von etwas Geheimnisvollem umgeben zu sein, dessen Schleier ich trotz der sehr qualifizierten Ausbildung niemals lüften würde. Wir können uns, auch wenn wir nicht in Hawaii sind, dem Zauber des Aloha-Spirits öffnen und durch die Anwendung von Ho‘oponopono bei uns selbst und den uns nahestehenden Menschen Wunder bewirken. Ho‘oponopono kann die Prise Magie sein, die wir brauchen, um ganzheitlich gesund zu werden.

Jede Krankheit
ist eine Chance für deine Entwicklung

Meines Erachtens betrifft jede Erkrankung Körper und Psyche gleichermaßen. Unsere Seele spricht durch unseren Körper zu uns, und eine psychische Erkrankung ist auch körperlich spürbar. Wenn wir nicht auf die kleinen Botschaften achten, werden die Hinweise unserer Seele, auf was wir schauen sollen, deutlicher werden. Unsere alltäglichen Redewendungen sprechen eine klare Sprache:

- Ich ärgere mich schwarz.
- Mir läuft die Galle über.
- Ich habe mir zu viel aufgebürdet, ich ertrage es nicht mehr.
- Das geht mir an die Nieren.
- Ich habe die Nase voll.
- Mich trifft der Schlag.

Jeder Teil unseres Körpers kann uns spiegeln, was unser aktuelles Thema ist; jeder Teil meint es gut mit uns. Wir haben die Wahl, wie wir mit diesen Botschaften umgehen wollen und ob wir dazu die Kraft des hawaiianischen Vergebungsrituals nutzen, um Liebe und Heilung zu ermöglichen.

Bekämpfen oder annehmen?

»Der Bauer steht vor seinem Feld
und zieht die Stirne kraus in Falten.
›Ich hab den Acker wohl bestellt,
auf gute Aussaat streng gehalten.
Nun sieh' mir eins das Unkraut an,
das hat der böse Feind getan.‹
Da kommt sein Knabe hochbeglückt
mit Blüten reich beladen.
Im Felde hat er sie gepflückt,
Kornblumen sind es, Mohn und Raden.
Er jauchzt: ›Sieh, Vater, nur die Pracht,
die hat der liebe Gott gemacht!‹«

So unterschiedlich wie in diesem Gedicht von Julius Sturm (1816–1896) können zwei Menschen die gleiche Situation betrachten. »Meine Krankheit ist wie ein Fluch«, hörte ich vor Kurzem einen Patienten im Wartezimmer einer Arztpraxis sagen. »Sie lässt sich nicht stoppen, und immer, wenn ich denke, ich wäre sie los, kommt sie unerwartet zurück, und zwar gerade dann, wenn ich es am wenigsten erwarte.«
So verständlich diese Aussage sein mag: Was bringt es, eine Krankheit wie Unkraut anzusehen, das man loswerden will? Was hat Claire, die ihre Erkrankung als Geschenk bezeichnet, anders gemacht als der Mann im Wartezimmer? Zunächst wird sich wohl niemand freuen, wenn er krank wird. Wie elend fühlt man sich schon durch eine einfache Erkältung, obwohl jeder weiß, dass sie nach wenigen Tagen von selbst abklingt. Durch Krankheit wird man aus dem normalen Alltag herausgerissen, kann seine Aufgaben nicht erfüllen und hat zu

viel Zeit, die man nicht wirklich nutzen kann. Viele Erkrankungen sind mit Schmerzen, Stress und Ängsten verbunden; Körper und Seele befinden sich im Ausnahmezustand. Nicht wie gewohnt zu funktionieren, kann eine große Herausforderung sein, aber häufig ist gerade die erzwungene Auszeit, in der man sich zurückzieht und zur Ruhe kommt, heilsamer als ein Medikament – wenn man bereit ist, die eigene Einstellung zu überprüfen, so, wie Mario es tat.

Mario und die nächtliche Teezeremonie

Als Mario die Diagnose »Krebs« erhielt, war er in zweiter Ehe verheiratet; sein Sohn Julius war gerade ein Jahr alt geworden. Durch die notwendigen Behandlungen wurde er, der erfolgreiche Geschäftsmann, dessen Arbeitstag oft vierzehn bis sechzehn Stunden umfasst hatte, völlig ausgehebelt. Auf einmal musste er sich schonen und viel Zeit zu Hause verbringen. Einerseits war es schön, das Aufwachsen seines Sohnes intensiver als zuvor erleben zu können. Andererseits fühlte sich Mario mit der erzwungenen Untätigkeit sehr unwohl, und die Behandlungen schwächten seinen Körper. Mario wurde bewusst, wie sehr er innerlich mit seiner Krankheit haderte. Er war so wütend, dass er den Krebs in seinen Gedanken ständig beschimpfte und bekämpfte. Auch die Familienmitglieder forderten ihn auf, gegen den Krebs anzukämpfen, denn das ist die landläufige Meinung, wie man mit einer solchen Erkrankung umgehen soll. Seine negativen Gefühle und Gedanken verschwanden dadurch natürlich nicht.

Da Mario in der Nacht häufig nicht schlafen konnte, gewöhnte er sich an, wieder aufzustehen, Tee zu kochen und allein in der Küche zu sitzen. In einer dieser Nächte folgte er einem inneren Impuls und stellte eine zweite Tasse Tee auf den Tisch. Er stellte sich vor, der Krebs säße ihm gegenüber auf dem freien Platz. Anfangs noch ein wenig unsicher und nervös, begann er einen Dialog mit seiner Krankheit, den er in den folgenden Nächten fortsetzte. Er sagte Sätze wie: »Krebs, ich hasse dich. Du zerstörst mein Leben. Warum tust du das? Ich will, dass du verschwindest.«

Etwas Seltsames geschah: Indem Mario seine ganzen Widerstände, Ängste und wütenden Gefühle aussprach, wurde er innerlich ruhiger und entspannter. Er spürte deutlich, wie sich Anspannungen und Verhärtungen in seinem ganzen Körper lösten. Nach jeder nächtlichen »Teatime« mit seinem Krebs fühlte er sich friedlicher und ausgeglichener. Ganz allmählich konnte er die Angst loslassen, seine junge Frau und seinen Sohn alleinlassen zu müssen. Ihm wurde klar, dass diese Erkrankung offenbar den Sinn hatte, den Rhythmus seines stressigen beruflichen Alltags zu unterbrechen. Durch die erzwungene Ruhe kam er zur Besinnung und musste sich mit all den destruktiven Gefühlen wie Wut, Angst und Enttäuschung, die er in seinem Leben angesammelt hatte, auseinandersetzen.

Mario erkannte, dass die Erkrankung ihm keinen zusätzlichen Stress bereiten wollte. Sie lud ihn vielmehr dazu ein, sich der vielen Kämpfe in seinem Leben bewusst zu werden und eine Richtungsänderung vorzunehmen. Als ihm dies klar geworden war, konnte er seinen Widerstand aufgeben und aufhören, gegen den Krebs zu kämpfen. Nun erschien es ihm unsinnig, etwas zu bekämpfen, was eine positive Botschaft für ihn bereithielt. Von da an beschleunigte sich sein Heilungsprozess. Mario wurde wieder gesund und ist bis heute der Überzeugung, dass ihm der ungewöhnliche nächtliche Dialog mit dem Krebs sowohl zu einer neuen positiven Sichtweise als auch zu Heilung und innerem Frieden verholfen hat.

Die Botschaft verstehen

Meine eigenen Erfahrungen haben mir immer wieder gezeigt, wie wichtig es ist, die Botschaft einer Krankheit zu verstehen. Ich stelle mir meine inneren Organe gern als Familie vor, in der jeder seine Aufgabe kennt und wahrnimmt. Wenn ein Organ seinen Job nicht mehr richtig machen kann oder die Kommunikation untereinander unterbrochen ist, wirkt sich das auch auf alle anderen Organe aus. Jede Erkrankung birgt eine Information in sich, was im Körper aus dem Lot geraten ist und korrigiert werden will. Wie in Marios Fall nutzt es nichts, die Erkrankung zu verdrängen oder zu bekämpfen. Durch die Anwendung von Ho'oponopono haben wir die Möglichkeit, unserem Körper stattdessen Frieden und Liebe zukommen zu lassen.

Gar nicht so selten scheint es, als ob sich bestimmte Krankheitsmuster in einer Familie wiederholen. Wenn wir das, was uns geschieht, ernst nehmen, wird Heilung möglich. So erging es Joseph im folgenden Fallbeispiel.

Joseph und die Rückenschmerzen seines Vaters

Als ich Joseph kennenlernte, war er fünfundvierzig Jahre alt und klagte über starke Rückenschmerzen, die ihn bereits seit seinem siebzehnten Lebensjahr plagten. Die ärztliche Behandlung bestand hauptsächlich aus Schmerztabletten und Spritzen. Trotzdem quälten ihn die Schmerzen Tag und Nacht; er konnte weder aufrecht stehen noch sich ohne Hilfe anziehen. Seiner Arbeit als selbstständiger Architekt konnte er seit Monaten nur sehr eingeschränkt nachgehen. Kein Wunder, dass ihn die Situation äußerst gereizt und unzufrieden machte. Er erzählte mir, dass auch sein Vater unter solch fürchterlichen Rückenschmerzen gelitten hätte und deshalb oft gereizt gewesen sei. Daraufhin fragte ich ihn, ob er einen familiären Zusammenhang in dieser Erkrankung erkennen könne.

Joseph erinnerte sich, dass er als Jugendlicher schlimme Auseinandersetzungen mit seinem Vater gehabt hatte. Es hatte ihn sehr gestresst, dass der Vater ihn ständig kritisiert und seine Berufswahl nicht akzeptiert hatte. Später hatte sich das Verhältnis zwischen ihnen einigermaßen normalisiert; daher hatte Joseph nie daran gedacht, dass in dieser alten Belastung die Ursache für seine Rückenschmerzen liegen könnte. Dennoch hatte er offensichtlich die Beschwerden seines Vaters übernommen.

Ich empfahl Joseph, zusätzlich zur schulmedizinischen Behandlung Ho'oponopono zu praktizieren. Da er krankgeschrieben war und viel Zeit zu Hause verbringen musste, ließ er sich darauf ein:

»*Vater, ich vergebe dir, dass du Rückenschmerzen hattest.*
Vater, ich bitte dich um Vergebung, dass du Rückenschmerzen hattest.
Vater, ich vergebe mir, dass du Rückenschmerzen hattest.
Vater, ich liebe dich.
Vater, ich liebe mich.«

»*Vater, ich vergebe dir, dass du so häufig krank warst.*
Vater, ich bitte dich um Vergebung, dass du so häufig krank warst.
Vater, ich vergebe mir, dass du so häufig krank warst.
Vater, ich liebe dich.
Vater, ich liebe mich.«

»*Vater, ich vergebe dir, dass ich Rückenschmerzen habe.*
Vater, ich bitte dich um Vergebung, dass ich Rückenschmerzen habe.
Vater, ich vergebe mir, dass ich Rückenschmerzen habe.
Vater, ich liebe dich.
Vater, ich liebe mich.«

»*Vater, ich vergebe dir, dass ich krank bin.*
Vater, ich bitte dich um Vergebung, dass ich krank bin.
Vater, ich vergebe mir, dass ich krank bin.
Vater, ich liebe dich.
Vater, ich liebe mich.«

Als wir ein paar Tage später telefonierten, sagte er: »Mein Vater hatte es ganz schön schwer.« Offenbar hatte er diese Erkenntnis während der Anwendung des Vergebungsrituals gewonnen. Ich fragte ihn, ob er der Meinung sei, dass auch er es schwer habe. Joseph bestätigte das. Daher schlug ich ihm vor, das Ritual auch noch mit den Sätzen

»Vater, ich vergebe dir, dass du es schwer hattest« und »Vater, ich vergebe dir, dass ich es schwer habe« zu praktizieren.

In der nächsten Zeit begriff Joseph immer mehr, dass ihm die Rückenschmerzen hatten zeigen wollen, wie belastet die Beziehung zwischen ihm und seinem Vater immer noch gewesen war, und dass er diesen ganzen Schmerz in seinem Rücken gespeichert hatte. Nach all den Jahren hatte er seinem Vater immer noch die Schuld für ihre stressige Beziehung gegeben. Nun wurde er sich seiner eigenen Verantwortung bewusst und konnte loslassen. Während der nächsten Zeit ließen seine Rückenschmerzen kontinuierlich nach und verschwanden schließlich ganz.

Seitdem sind einige Jahre vergangen; die Schmerzen sind nicht wieder aufgetreten. Dank Ho'oponopono lebt Joseph heute ohne Medikamente und Beeinträchtigungen.

Die Anwendung von Ho'oponopono kann sowohl bei chronischen als auch bei akuten Erkrankungen hilfreich sein. Das Aussprechen der fünf Sätze mit allem, was uns gerade in den Sinn kommt, klärt unsere Gefühle – so, wie in Hannahs Fall.

Hannah und die Misteln

»Myom … Muskelwucherung an der Gebärmutterwand … Krebsrisiko … Operation notwendig …« Hannah hörte die Worte ihrer Frauenärztin wie von fern, aber sie verstand gar nichts. Zu viele Informationen. Sie wollte nur noch raus an die frische Luft. Am liebsten wäre sie vor der Diagnose und ihren ganzen Auswirkungen davongelaufen. Unterschwellig beschäftigte sie das Myom zwar die ganze Zeit, aber es dauerte mehrere Wochen, bis sie bereit war, sich bewusst damit auseinanderzusetzen. Sie spürte, dass diese Erkrankung ernst genommen werden wollte und eine Botschaft für sie hatte.

Als Hannah an einem Samstagnachmittag im Februar allein durch den Park spazierte, musste sie wieder an diese Wucherung in ihrer Gebärmutter denken. Auf einmal fühlte sie sich zu einer Baumgruppe hingezogen, und ihr Blick ging nach oben. Alle Bäume hatten Wucherungen in ihrer Krone, aber ein Baum fiel ihr besonders auf, denn die Wucherung in dessen Baumkrone kam ihr außergewöhnlich vor. Sie konnte die Augen gar nicht von dem Anblick lösen. Plötzlich wurde ihr die Verbindung klar: Wucherung im Baum, Wucherung in ihrer Gebärmutter! Da sie die positive Wirkung des Ho'oponopono-Rituals kannte, begann sie einfach auszusprechen, was ihr spontan einfiel:

»Baum, ich vergebe dir.
Baum, ich bitte dich um Vergebung.
Baum, ich vergebe mir.
Baum, ich liebe dich.
Baum, ich liebe mich.«

»Wucherung im Baum, ich vergebe dir.
Wucherung im Baum, ich bitte dich um Vergebung.
Wucherung im Baum, ich vergebe mir.
Wucherung im Baum, ich liebe dich.
Wucherung im Baum, ich liebe mich.«

»Meine Gebärmutter, ich vergebe dir.
Meine Gebärmutter, ich bitte dich um Vergebung.
Meine Gebärmutter, ich vergebe mir.
Meine Gebärmutter, ich liebe dich.
Meine Gebärmutter, ich liebe mich.«

»Wucherung in meinem Unterleib, ich vergebe dir.
Wucherung in meinem Unterleib, ich bitte dich um Vergebung.
Wucherung in meinem Unterleib, ich vergebe mir.
Wucherung in meinem Unterleib, ich liebe dich.
Wucherung in meinem Unterleib, ich liebe mich.«

Es war ihr egal, ob die Sätze Sinn ergaben. Die Tränen flossen, sie konnte kaum aufhören zu weinen. Dabei spürte sie deutlich, wie sich in ihrem Inneren eine gewaltige Anspannung löste. Schließlich bedankte sie sich bei dem Baum, der Wucherung in seiner Krone, bei ihrer Gebärmutter und sogar bei ihrem Myom.

Am nächsten Tag ging Hannah mit einer Freundin und ihrem Mann in demselben Park spazieren. Durch die anregenden Gespräche abgelenkt, achtete sie nicht auf den Weg. Daher war sie völlig überrascht, als ihr Mann sie plötzlich zu einer Baumgruppe zog und sagte: »Unter einem Mistelzweig darf man eine Frau küssen.« Das tat er dann auch ausgiebig, aber nicht allein deswegen schnappte Hannah nach Luft. Sie standen unter genau demselben Baum, unter dem sie einen Tag zuvor Ho'oponopono praktiziert hatte und dessen Wucherung – Mistelzweige, wie sie jetzt wusste – ihr so besonders aufgefallen war. Welch eine Fügung!
Hannah war überwältigt. Ihr wurde bewusst, dass die Botschaft ihres Myoms »Liebe« war und dass die Erkrankung für ihren nächsten Entwicklungsschritt stand. Sie war nun bereit, ihrer Gebärmutter und dem Myom Liebe zu schenken, ihrem Körper zuzuhören und sich für Heilung zu öffnen.

Ich bin überzeugt, dass alles, was uns geschieht, einen Sinn hat und zu unserer Entwicklung beitragen will. Manchmal sehen wir erst viel später, was an einem Ereignis positiv war. Einige Hinweise auf einen möglichen Krankheitsgewinn erhältst du im nächsten Kapitel, »Krankheit als Geschenk: Der Krankheitsgewinn« (S. 70).

Krankheit als Geschenk: Der Krankheitsgewinn

Als Krankheitsgewinn bezeichnet man die Vorteile, die ein Patient aus seiner Erkrankung ziehen kann. Diese können sich im Außen folgendermaßen zeigen:

- Rückzug aus einer problematischen Situation oder dem stressigen Alltag (zum Beispiel Konflikte mit Kollegen)
- Schonung und Mitgefühl durch andere (Der Kranke wird von Alltagspflichten entbunden.)
- Abgabe der Verantwortung an andere (»Ich kann ja nicht, ich bin ja krank.«)
- körperliche und emotionale Zuwendung durch andere Menschen (bekocht, massiert oder anderweitig gepflegt werden)
- einer unangenehmen Situation aus dem Weg gehen (Wer Migräne hat, muss nicht mit zur Familienfeier.)
- Erwerbsunfähigkeitsrente oder Frühverrentung, um einen ungeliebten Job aufgeben zu können

Andere Vorteile betreffen mehr das innere Erleben des Patienten:
- zu sich selbst finden, sich auf sich selbst besinnen
- zur Ruhe kommen, innehalten, auftanken
- Zeit, damit sich etwas Neues im Leben entfalten kann, eventuell sogar berufliche Neuorientierung
- Ernährungsgewohnheiten und/oder den Umgang mit dem eigenen Körper überdenken
- für eine Weile Verantwortung abgeben dürfen
- im Mittelpunkt stehen und Hilfe annehmen dürfen
- mehr Mitgefühl mit anderen Kranken
- Dankbarkeit für die Menschen, die sich um einen kümmern

Wenn du gerade Krankheitssymptome bei dir feststellst, auch wenn es sich nur um Kopf- oder Zahnschmerzen handelt, kannst du dich fragen, welche positiven Aspekte diese beinhalten. Vielleicht fallen dir zunächst nur die Beschwerden und Schmerzen ein. Dann betrachte deine aktuelle Lebenssituation, frage dich: »Wozu ist das Symptom/die Erkrankung gerade jetzt gut?«, und lasse dich von den hier aufgezählten Vorteilen, dem Krankheitsgewinn, inspirieren.

Hilfe annehmen, Hilfe geben

Wer plötzlich mit einer schlimmen Diagnose konfrontiert wird, kann sich als der einsamste Mensch auf der Welt fühlen. Er glaubt vielleicht, dass niemand sein Erschrecken, seine Schmerzen und Ängste nachvollziehen kann. Und mit wem kann er über die Angst vor dem Tod reden? In solchen Momenten ist es schwierig zu glauben, dass wir nie allein sind. Und doch ist es so. Selbst wenn kein

Bekannter, Verwandter oder Nachbar da ist, der einen im Krankenhaus besucht oder auch nur bei Grippe ein paar Einkäufe erledigt, kann man sehr oft professionelle Hilfe in Anspruch nehmen. Der Sozialdienst, psychologische Berater oder ehrenamtliche Helfer stehen zur Verfügung; im Krankenhaus kann man sich mit anderen Patienten austauschen und das ärztliche Personal um Unterstützung bitten. Manchmal erfährt man durch eine Fernsehsendung oder ein Buch, das einem zufällig in die Hände fällt, genau das, was für den nächsten Schritt notwendig ist. Das Internet ist eine unerschöpfliche Quelle für Informationen und Tipps, nach denen man ganz gezielt suchen kann. Es gibt also viele Möglichkeiten, den eigenen Genesungsprozess zu unterstützen.

Das erfordert zwei Dinge: Man muss wissen, was man braucht, und man sollte die Fähigkeit haben, um Hilfe zu bitten und sie anzunehmen! Das ist nicht leicht, wenn man sich durch eine Krankheit ohnehin schon geschwächt fühlt. Ganz sicher gehört es nicht zu den angenehmsten Momenten im Leben, wenn die Krankenschwester die Bettpfanne abholt oder wenn man blass und mit ungewaschenen Haaren der hilfsbereiten Nachbarin die Tür öffnen muss. Vielleicht liegt gerade darin, sich einmal helfen lassen zu müssen, ein Krankheitsgewinn verborgen.

Und schließlich: Krankheit kann jeden treffen. Im umgekehrten Fall würden wir wahrscheinlich gern Medikamente für den Nachbarn besorgen und ihm eine Suppe kochen. Die meisten Menschen sind hilfsbereit. Insofern hat Kranksein auch etwas damit zu tun, sich fallen lassen und loslassen zu können. Ein anderes Wort dafür ist »Akzeptanz«. Das heißt: Ich akzeptiere, dass ich krank und daher zurzeit nicht in der Lage bin, mich vollständig selbst zu versorgen. Ich akzeptiere, dass ich eine Auszeit und die Hilfe anderer Menschen

brauche. Eine solche Einstellung ist förderlich für den Heilungsprozess und macht es den Helfern leichter, ihre Arbeit zu tun. Sie dürfen aus vollem Herzen geben und spüren, dass ihre Hilfe angenommen wird. Wenn auf diese Weise Liebe fließt, können beide Seiten gestärkt aus der Situation hervorgehen.
Wie uns die Anwendung von Hoʻoponopono dabei unterstützen kann, zeigen die folgenden Sätze, die als Anregungen für deine eigenen Themen dienen sollen:

»Ich vergebe allen Menschen, von denen ich mir Hilfe gewünscht und nicht bekommen habe.
Ich bitte alle Menschen um Vergebung, von denen ich mir Hilfe gewünscht und nicht bekommen habe.
Ich vergebe mir, dass ich mir Hilfe gewünscht und nicht bekommen habe.
Ich liebe alle Menschen, von denen ich mir Hilfe gewünscht und nicht bekommen habe.
Ich liebe mich.«

»Ich vergebe allen Menschen, von denen ich mich in meiner Krankheitszeit missverstanden gefühlt habe.
Ich bitte alle Menschen um Vergebung, von denen ich mich in meiner Krankheitszeit missverstanden gefühlt habe.
Ich vergebe mir, dass ich mich in meiner Krankheitszeit missverstanden gefühlt habe.
Ich liebe alle Menschen, von denen ich mich in meiner Krankheitszeit missverstanden gefühlt habe.
Ich liebe mich.«

»Sabrina, ich vergebe dir, dass ich deine angebotene Unterstützung übersehen habe.
Sabrina, ich bitte dich um Vergebung, dass ich deine angebotene Unterstützung übersehen habe.
Sabrina, ich vergebe mir, dass ich deine angebotene Unterstützung übersehen habe.
Sabrina, ich liebe dich.
Sabrina, ich liebe mich.«

»Krankenschwestern, ich vergebe euch, dass ich mich beim Annehmen von Hilfe unwohl fühle.
Krankenschwestern, ich bitte euch um Vergebung, dass ich mich beim Annehmen von Hilfe unwohl fühle.
Krankenschwestern, ich vergebe mir, dass ich mich beim Annehmen von Hilfe unwohl fühle.
Krankenschwestern, ich liebe euch.
Krankenschwestern, ich liebe mich.«

»Vater und Mutter, ich vergebe euch, dass ich euch nicht genügend unterstützen konnte.
Vater und Mutter, ich bitte euch um Vergebung, dass ich euch nicht genügend unterstützen konnte.
Vater und Mutter, ich vergebe mir, dass ich euch nicht genügend unterstützen konnte.
Vater und Mutter, ich liebe euch.
Vater und Mutter, ich liebe mich.«

»Ich vergebe allen Menschen, deren Hilfe ich nicht annehmen konnte.
Ich bitte alle Menschen um Vergebung, deren Hilfe ich nicht annehmen konnte.
Ich vergebe mir, dass ich Hilfe nicht annehmen konnte.
Ich liebe alle Menschen, deren Hilfe ich nicht annehmen konnte.
Ich liebe mich.«

»Claus, ich vergebe dir, dass du meine Hilfe nicht wertschätzt.
Claus, ich bitte dich um Vergebung, dass du meine Hilfe nicht wertschätzt.
Claus, ich vergebe mir, dass du meine Hilfe nicht wertschätzt.
Claus, ich liebe dich.
Claus, ich liebe mich.«

Wenn wir auf diese Weise unsere inneren Neins in Jas umwandeln, stellen wir die Weichen für unsere Weiterentwicklung und Gesundung. Es ist gut möglich, dass dann wie von selbst hilfreiche Informationen und unterstützende Begleiter in unserem Leben auftauchen.

Sich behandeln lassen (müssen)

Manche Beschwerden verschwinden von selbst; bei vielen Krankheitssymptomen kommt man jedoch nicht umhin, sich untersuchen und behandeln zu lassen. Für viele Menschen ist ein Arztbesuch eine Art Horrortrip; sie fürchten das lange Herumsitzen mit anderen Kranken im Wartebereich und haben Angst vor den notwendigen Untersuchungen. Vielleicht haben sie schon einmal die Erfahrung gemacht, dass sich der Arzt zu wenig Zeit genommen und unklare Informationen gegeben hat. Vielleicht waren die Sprechstundenhilfen gestresst und deshalb unfreundlich. Wer es sich leisten kann, sucht oft lieber einen Heilpraktiker oder sogar einen Heiler auf, weil er dort in der Regel mit mehr Zugewandtheit rechnen kann.

Natürlich hängt die Wahl des Behandlers in erster Linie von den Beschwerden und Symptomen ab. Internetrecherche und Empfehlungen aus dem Freundeskreis helfen oft, sich für einen Arzt oder eine Methode zu entscheiden. Am sinnvollsten erscheint es mir, Schulmedizin und alternative Heilmethoden zu kombinieren, wo es möglich ist. Ein gebrochener Arm kann nicht mit Globuli behandelt werden; er muss geschient oder operiert werden. Doch es spricht nichts dagegen, die Heilung durch die Gabe von Arnika zu unterstützen – um nur ein Beispiel zu nennen. Bei Erkältungen sind Hausmittel meistens sogar wirksamer als Grippetabletten, und Ruhe ist in diesem Fall sowieso die beste Medizin.

Wie auch immer sich der Kranke entscheidet, seine Wahl wird durch frühere Erlebnisse und seine innere Einstellung beeinflusst sein. Wer in der Vergangenheit mit Ärzten und anderem medizinischen Personal negative Erfahrungen gemacht hat, der wird eine neue Arztpraxis bereits mit einer Altlast von Vorurteilen und Misstrauen betreten. Wie im Kapitel »Die Neins in unserem Leben« (S. 36) beschrieben, gehen Ärzte, Heilpraktiker und andere Behandler mit diesem Widerstand des neuen Patienten in Resonanz. Sie spüren, ob er sich innerlich gegen die Behandlung sträubt oder aktiv an seiner Genesung mitarbeiten wird. Auch die Heilkraft eines Medikaments hängt stark davon ab, ob jemand von dessen Wirksamkeit überzeugt ist oder nicht; das belegt schon allein der bekannte Placeboeffekt.

Egal, um welchen Bereich der medizinischen Versorgung es sich handelt: Dank Ho'oponopono können wir jederzeit die stressigen Erfahrungen aus der Vergangenheit loslassen und uns für Liebe und Heilung entscheiden – so, wie es Renate in der folgenden Geschichte getan hat.

Renate und die Gallenkolik

Aufgrund ihrer häufigen Gallenschmerzen hatte der Arzt Renate dringend die operative Entfernung ihrer Galle empfohlen. Er hatte gesagt, so etwas sei heute kein Problem mehr, das mache ein Chirurg mal eben vor dem Frühstück. Dieser flapsige Spruch hatte ihr Unbehagen und damit ihre Ablehnung der OP noch verstärkt. Jetzt traute sie sich nicht mehr zu ihrem Arzt, weil sie genau wusste, was er sagen würde.

Doch einige Wochen später erlitt Renate die nächste schmerzhafte Gallenkolik. Gegen drei Uhr in der Nacht war sie mit ihrer Kraft am Ende, und aus purer Verzweiflung begann sie, Ho'oponopono anzuwenden. Wie in Trance wiederholte sie ständig:

»*Ich vergebe allen Ärzten, die mich je behandelt haben.*
Ich bitte alle Ärzte um Vergebung, die mich je behandelt haben.
Ich vergebe mir.
Ich liebe alle meine behandelnden Ärzte.
Ich liebe mich und meinen Körper.«

»*Ich vergebe allen Ärzten, die meine Galle behandelt haben.*
Ich bitte alle Ärzte um Vergebung, die meine Galle behandelt haben.
Ich vergebe mir.
Ich liebe alle Ärzte, die meine Galle behandelt haben.
Ich liebe mich und meine Galle.«

Am nächsten Morgen suchte Renate die Praxis ihres Allgemeinarztes auf, musste jedoch feststellen, dass er Urlaub hatte und durch eine Kollegin vertreten wurde. Die Ärztin nahm sich Zeit und vermittelte mit ihrer empathischen Art, dass ihr Renate wichtig war. Sie

nahm ihr Blut ab und untersuchte ihre Galle mit Ultraschall. Renate fühlte sich wahrgenommen und verstanden, und sie schrieb es ihrer nächtlichen Anwendung von Hoʻoponopono zu, dass sie während des Termins weder Angst noch Stress empfand, obwohl auch diese Ärztin zur Entfernung der Galle riet. Verblüfft über die schnelle Wirkung erkannte Renate, welche Möglichkeiten ihr Hoʻoponopono bot.
In der nächsten Zeit gelang es ihr, ihre Einstellung zu weiteren Ärzten und Behandlungsmethoden, zu ihrem Körper und ihrer Gesundheit zu verändern, und das Beste ist, dass sie seit anderthalb Jahren keine Gallenkolik mehr hatte, und das ganz ohne chirurgischen Eingriff.

In Renates Fall war die Diagnose eindeutig; anders ergeht es Patienten mit unspezifischen Symptomen. Wenn verschiedene Behandler unterschiedliche Diagnosen stellen und diverse Methoden ausprobieren, ohne dass sich etwas ändert, ist der Kranke verständlicherweise verunsichert: Liegen die Ursachen für seine Krankheit vielleicht in der Kindheit oder in der Psyche begründet? Spielt ein Organ verrückt? Gibt es einen Mangelzustand im Körper, der behoben werden kann? Wenn keine der angewandten Maßnahmen Besserung bringt, kann man als Patient beinah verzweifeln.

Angelika und die Fehldiagnosen
Angelika fühlte sich ständig schwach und erschöpft, ein normales Leben war ihr nicht möglich. Jeder der vielen Ärzte, die sie bereits aufgesucht hatte, stellte eine andere Diagnose und verschrieb ein neues Medikament. Aber nichts half. Schließlich konnte sie nur noch für kurze Zeit aus dem Bett aufstehen und das Haus kaum

noch verlassen. Ihr Mann und ihre Eltern waren ebenso ratlos wie sie selbst. Als sie im Fernsehen einen Beitrag über das hawaiianische Vergebungsritual sah, beschloss sie, es auszuprobieren. Was hatte sie schon zu verlieren? Da ihr sogar das Sprechen schwerfiel, praktizierte sie Hoʻoponopono in Gedanken.

»Ich vergebe allen Ärzten, die mich behandelt haben.
Ich bitte alle Ärzte um Vergebung, die mich behandelt haben.
Ich vergebe mir für alle Ärzte, die mich behandelt haben.
Ich liebe alle Ärzte, die mich behandelt haben.
Ich liebe mich.«

»Ich vergebe allen Untersuchungsmethoden.
Ich bitte alle Untersuchungsmethoden um Vergebung.
Ich vergebe mir alle Untersuchungsmethoden.
Ich liebe alle Untersuchungsmethoden.
Ich liebe mich.«

»Ich vergebe allen Menschen, die mit meiner Krankheit in irgendeiner Form verbunden sind.
Ich bitte alle Menschen um Vergebung, die mit meiner Krankheit in irgendeiner Form verbunden sind.
Ich vergebe mir für alle Menschen, die mit meiner Krankheit in irgendeiner Form verbunden sind.
Ich liebe alle Menschen, die mit meiner Krankheit in irgendeiner Form verbunden sind.
Ich liebe mich.«

»Körperliche Schwäche, ich vergebe dir.
Körperliche Schwäche, ich bitte dich um Vergebung.
Körperliche Schwäche, ich vergebe mir.
Körperliche Schwäche, ich liebe dich.
Körperliche Schwäche, ich liebe mich.«

»Zweifel, ich vergebe euch, dass ich aufgeben will und nicht mehr an meine Heilung glaube.
Zweifel, ich bitte euch um Vergebung, dass ich aufgeben will und nicht mehr an meine Heilung glaube.
Zweifel, ich vergebe mir, dass ich aufgeben will und nicht mehr an meine Heilung glaube.
Zweifel, ich liebe euch.
Zweifel, ich liebe mich.«

Kurzum: Angelika wechselte die Themen und damit auch die Sätze, wie es gerade ihrer Verfassung entsprach – und ein Wunder geschah, so sagte sie jedenfalls selbst. Sie erfuhr durch Bekannte von einem Arzt, der eine neuartige Blutuntersuchung durchführte, und endlich, nach acht Jahren des Leidens, erhielt sie die Diagnose, die ihre sämtlichen Symptome erklärte: Angelika litt an einer seltenen Autoimmunerkrankung, die nur in einer einzigen Klinik in Deutschland behandelt werden konnte. Jedoch war die Wartezeit auf einen Klinikplatz sehr lang.

In dieser Situation sah ihr Mann, dass Angelika am Ende ihrer Kräfte war. Obwohl er ein hundertprozentiger Verstandesmensch war, der bisher mit Ho'oponopono gar nichts hatte anfangen können, begann er nun selbst, das Vergebungsritual zur Unterstützung seiner Frau einzusetzen:

»Ich vergebe allen, die meine Frau daran hindern, schnelle Hilfe und die richtige Therapie zu bekommen.
Ich bitte alle um Vergebung, die meine Frau daran hindern, schnelle Hilfe und die richtige Therapie zu bekommen.
Ich vergebe mir für alle, die meine Frau daran hindern, schnelle Hilfe und die richtige Therapie zu bekommen.
Ich liebe alle, die meine Frau daran hindern, schnelle Hilfe und die richtige Therapie zu bekommen.
Ich liebe mich.«

Erstaunlicherweise gelangte Angelika innerhalb kurzer Zeit auf einen der vorderen Plätze der Warteliste, und bereits zwei Monate später wurde sie in der Spezialklinik behandelt. Als sich ihr gesundheitlicher Zustand allmählich besserte, begriffen sie und ihre Familie, dass diese Veränderung vor allem dem Ho'oponopono-Ritual zuzuschreiben war. Angelika wurde sich nun auch ihrer negativen Einstellung bewusst; sie hatte ihren Ängsten, ihrer Wut und ihrer Hilflosigkeit zu viel Raum gegeben. Mit der neu erwachten Hoffnung kehrten auch Vertrauen und Frieden in ihr Leben zurück. Sie arbeitete weiter mit Ho'oponopono, und zum Erstaunen ihrer Familie fühlte sie sich nach und nach körperlich und emotional vitaler als je zuvor.

Ho'oponopono als Begleitung bei Unfällen und Operationen

Vor etlichen Jahren habe ich selbst erlebt, wie die Folgen eines Unfalls durch die Anwendung von Ho'oponopono nicht nur stark abgemildert, sondern gänzlich behoben wurden. Mein Mann, unser kleiner Sohn und ich kamen von einem Ausflug zurück. Nach dem Aussteigen aus dem Auto schloss ich schwungvoll die Tür, ohne zu bemerken, dass sich unser Sohn noch am Türrahmen festhielt. Der Kleine fing sofort an zu schreien, und mir blieb vor Schreck fast das Herz stehen. Was hatte ich getan? So schnell ich nur konnte, öffnete ich die Autotür, und mein Sohn fiel mir in die Arme. Vorsichtig legte ich ihn auf den Rasen, und dann standen mein Mann und ich wie gelähmt da. Durch den Schock konnten wir keinen klaren Gedanken fassen. Die Finger unseres kleinen Jungen waren nicht gerade, sondern sahen aus wie eine Ziehharmonika. Mir fiel nichts anderes ein, als seine Finger mit meinen Händen ganz sanft zu umfassen und die drei Worte, die mich immer begleiten, laut auszurufen: »Licht, Liebe, Heilung. Licht, Liebe, Heilung.«
Tatsächlich wurden mein Mann und ich mit jedem ausgesprochenen Wort ruhiger, und in das Gesicht unseres Sohnes kam wieder Farbe. Wie hypnotisiert starrten wir die ganze Zeit auf die kleinen Finger

und erlebten ein Wunder – direkt vor unseren Augen. Seine Finger richteten sich wieder auf!

Ganz allmählich wurde mir bewusst, dass ich wieder durchatmen und klarer denken konnte. Ich ging dazu über, alle fünf Ritualsätze des Ho'oponopono zu praktizieren, nacheinander oder durcheinander, es war mir egal: »Ich vergebe dem Himmel. Ich vergebe mir. Ich liebe alle Menschen. Ich liebe meinen Sohn. Ich liebe den Himmel. Ich liebe die Engel. Ich liebe alle Ahnen, die geholfen haben …« Ich hatte das Gefühl, dass durch mich und meinen Mann, der auf seine Weise mitbetete, heilende Kräfte zu unserem Sohn fließen konnten. Der Schock und auch meine Schuldgefühle ließen nach.

Nach einer Weile fuhren wir in die Notaufnahme des Krankenhauses und ließen die Finger unseres Sohnes untersuchen: Es war keinerlei Verletzung, nicht einmal ein Kratzer, festzustellen. Bei uns dreien war keine Anspannung mehr zu spüren. Mein Mann und ich waren überzeugt, dass unser bedingungsloses inneres Ja zur Heilung dieses Wunder ermöglicht hatte.

Die folgende Geschichte von Robert und Monika zeigt ebenfalls, was wir durch Ho'oponopono für andere Menschen bewirken können.

Robert und die Knie-OP

Robert trainierte seit Wochen für einen Marathon, so auch an diesem Sonntag. Als er einmal kurz anhielt und dann wieder loslief, spürte er plötzlich einen heftigen Schmerz im rechten Knie, der auch während der nächsten Stunden nicht nachließ. Seine Frau Monika, die in der Anwendung von Ho'oponopono sehr erfahren war, begann sofort damit, die fünf Ritualsätze auszusprechen. Auf diese Weise unterstützte sie ihren Mann darin, seine inneren Neins Schritt für Schritt in innere Jas umzuwandeln:

»*Robert, ich vergebe dir, dass du dich am Knie verletzt hast.*
Robert, ich bitte dich um Vergebung, dass du dich am Knie verletzt hast.
Robert, ich vergebe mir, dass du dich am Knie verletzt hast.
Robert, ich liebe dich und dein Knie.
Robert, ich liebe mich.«

Am Montagmorgen war das Knie stark angeschwollen. Da Monika wusste, wie ungern ihr Mann zum Arzt ging und dass er wahrscheinlich sogar in diesem schwierigen Fall denken würde, der Schmerz würde von allein wieder verschwinden, ergänzte sie ihr Ritual:

»*Robert, ich vergebe dir, dass du nicht zum Arzt gehen willst.*
Robert, ich bitte dich um Vergebung, dass du nicht zum Arzt gehen willst.
Robert, ich vergebe mir, dass du nicht zum Arzt gehen willst.
Robert, ich liebe dich und dein Knie.
Robert, ich liebe mich.«

Manche der Sätze, die Monika aussprach, klangen eher wie positive Affirmationen, weil sie so sehr wollte, dass ihrem Mann geholfen wurde:

»Ärzte, ich vergebe euch, dass ihr Robert schnell und kompetent helft.
Ärzte, ich bitte euch um Vergebung, dass ihr Robert schnell und kompetent helft.
Ärzte, ich vergebe mir, dass ihr Robert schnell und kompetent helft.
Ärzte, ich liebe euch und eure schnelle und kompetente Arbeit.
Ärzte, ich liebe mich.«

Tatsächlich suchte Robert noch am gleichen Tag ohne Termin eine Sportarztpraxis auf, und wunderbarerweise hatte der Arzt Zeit für ihn. Die Untersuchung ergab, dass eine Operation unumgänglich war. Robert wurde gesagt, dass der Eingriff frühestens in zwei Wochen erfolgen könne, da der operierende Arzt bis dahin ausgebucht war. Als Robert seiner Frau dies erzählte, erweiterte sie das Ritual mit allem, was ihr einfiel, ohne sich zu fragen, ob jeder Satz Sinn ergäbe:

»Robert, ich vergebe dir, dass du so bald wie möglich einen Termin für deine Knie-OP bekommst.
Robert, ich bitte dich um Vergebung, dass du so bald wie möglich einen Termin für deine Knie-OP bekommst.
Robert, ich vergebe mir, dass du so bald wie möglich einen Termin für deine Knie-OP bekommst.
Robert, ich liebe dich und deine Knie-OP.
Robert, ich liebe mich.«

»Robert, ich vergebe dir, dass deine Knie-OP ganz leicht verläuft.
Robert, ich bitte dich um Vergebung, dass deine Knie-OP ganz leicht verläuft.
Robert, ich vergebe mir, dass deine Knie-OP ganz leicht verläuft.
Robert, ich liebe dich und deine Knie-OP.
Robert, ich liebe mich.«

»Robert, ich vergebe dir, dass du die Narkose gut verträgst und dich rasch erholst.
Robert, ich bitte dich um Vergebung, dass du die Narkose gut verträgst und dich rasch erholst.
Robert, ich vergebe mir, dass du die Narkose gut verträgst und dich rasch erholst.
Robert, ich liebe dich und deine Knie-OP.
Robert, ich liebe mich.«

»Robert, ich vergebe dir, dass deine Wunden schnell heilen.
Robert, ich bitte dich um Vergebung, dass deine Wunden schnell heilen.
Robert, ich vergebe mir, dass deine Wunden schnell heilen.
Robert, ich liebe dich und deine Knie-OP.
Robert, ich liebe mich.«

Monika nutzte jede freie Minute, um Ho'oponopono anzuwenden. Manchmal dachte sie zwischendurch einfach: »Robert, ich liebe deinen Körper. Robert, ich liebe dein Knie. Robert, ich liebe meinen Körper.« Und wieder geschah ein Wunder: Ein Termin wurde überraschend frei, sodass Robert bereits vier Tage nach seinem Arztbesuch operiert werden konnte. Nach nur einer Nacht in der Klinik wurde er nach Hause entlassen, und der Heilungsprozess verlief ohne Komplikationen.

Seit mehreren Jahren hat Robert nun schon mit seinem rechten Knie keinerlei Probleme mehr.

Ängste und Phobien

Viele Menschen leiden unter Ängsten und Phobien und sind dadurch in ihrem Alltag stark eingeschränkt. Jemand mit einer Phobie hat eine Aversion gegen bestimmte konkrete Dinge oder Situationen wie Schlangen oder Höhen entwickelt, deren Auslöser häufig im Dunkeln liegt. Andere Menschen haben mit eher diffusen Ängsten zu kämpfen und verstehen es selbst oft nicht, wieso sie an bestimmten Tagen nicht aus dem Haus gehen können oder schon die Autofahrt zum nächsten Supermarkt eine unüberwindbare Hürde darstellt. Mithilfe von Ho'oponopono können jedoch auch die Ursachen tief verborgener psychischer Probleme an die Oberfläche kommen und sich auflösen. Vor dem Besuch meines Workshops hätte Lena niemals geglaubt, dass sie einmal in der Lage sein würde, beim Anblick einer Spinne ruhig zu bleiben.

Lena und die Spinnenphobie

Lena erzählte, dass sie unter einer solch heftigen Spinnenphobie litt, dass sie bereits beim bloßen Gedanken an eine Spinne Herzrasen, Schweißausbrüche und Panikattacken bekam. Wenn sie im Haus eine Spinne entdeckte, lief sie sofort nach draußen und wartete dort auf die Heimkehr ihres Mannes, der das gesamte Haus nach achtbeinigen Tierchen absuchen und diese entfernen musste. Erst dann traute sie sich wieder hinein.

Da sich Lena durch die Phobie stark beeinträchtigt fühlte, wollte sie unbedingt etwas verändern. Sie begann, Ho'oponopono mit den Spinnen zu praktizieren, die ihr in den Sinn kamen: die, die sie in der vergangenen Woche gesehen hatte, die Spinne im Urlaub in der Dominikanischen Republik, die Spinnen im Ferienhaus in Italien, in dem sie als Kind mit ihren Eltern gewesen war.

Auf einmal kamen immer mehr Erinnerungen aus ihrer Kindheit in ihr hoch, die offensichtlich noch nachwirkten. Besonders beeindruckend war für sie eine Situation gewesen, in der ihre Eltern sich sehr laut gestritten hatten und von Scheidung die Rede gewesen war. Lena hatte in ihrem Bett gelegen und alles gehört, und dabei hatte sie mit angehaltenem Atem eine Spinne beobachtet, die an der Wand hochgeklettert war.

Von nun an praktizierte Lena das hawaiianische Vergebungsritual auch mit ihren beiden Eltern:

»Mutter und Vater, ich vergebe euch, dass ihr euch damals laut gestritten habt.
Mutter und Vater, ich bitte euch um Vergebung, dass ihr euch damals laut gestritten habt.
Mutter und Vater, ich vergebe mir, dass ihr euch damals laut gestritten habt.
Mutter und Vater, ich liebe euch.
Mutter und Vater, ich liebe mich.«

»Mutter und Vater, ich vergebe euch meine Angst vor eurer Trennung.
Mutter und Vater, ich bitte euch um Vergebung für meine Angst vor eurer Trennung.
Mutter und Vater, ich vergebe mir meine Angst vor eurer Trennung.
Mutter und Vater, ich liebe euch.
Mutter und Vater, ich liebe mich.«

»Mutter und Vater, ich vergebe euch, dass ihr mich damals verletzt habt.
Mutter und Vater, ich bitte euch um Vergebung, dass ihr mich damals verletzt habt.
Mutter und Vater, ich vergebe mir, dass ihr mich damals verletzt habt.
Mutter und Vater, ich liebe euch.
Mutter und Vater, ich liebe mich.«

Lena erkannte, dass sie durch die Spinnenphobie immer wieder an ihre damaligen Gefühle, die sich nicht hatten auflösen dürfen, erinnert worden war. Für das kleine Mädchen von damals war die Situation sehr bedrohlich gewesen, aber da ihre Eltern nicht gewusst hatten, dass sie alles gehört hatte, hatte sie auch mit niemandem darüber sprechen können. Die ganze Bedrohung und Überforderung hatte sie auf die Spinne an der Wand projiziert.

Lena praktizierte das Vergebungsritual noch einige Tage weiter, und sie spürte, wie sie sich zunehmend entspannte. Wenn sie nun eine Spinne im Haus sieht, lässt sie diese auf ein Kehrblech krabbeln und bringt sie vorsichtig nach draußen.

Auch die weitverbreitete Angst vor dem Zahnarztbesuch, die Beklemmung bei einer MRT-Untersuchung oder die Sorgen vor einer Laserbehandlung am Auge können – wie viele andere Ängste – mithilfe von Ho'oponopono aufgelöst werden. Häufig wird man dabei feststellen, dass die Ursachen für die schlechten Gefühle in einem Kindheitserlebnis zu finden sind. Es ist dann eine große Befreiung, diese alte Beeinträchtigung endlich loswerden zu dürfen.

Stress und Überforderung

Eigentlich war Svenja glücklich und zufrieden – wenn sich nicht in der letzten Zeit diese seltsamen Panikattacken gehäuft hätten. Ihr war schwindlig, sie bekam keine Luft, ihr Kopf dröhnte. Gleichzeitig war sie von einer solch bleiernen Müdigkeit erfüllt, dass sie sich kaum dazu aufraffen konnte, ihre E-Mails zu beantworten und ihre Kundentermine wahrzunehmen. Sie wusste, dass sie so nicht weitermachen konnte.
Ihr Arzt untersuchte sie gründlich und schrieb sie für ein paar Tage krank, damit sie sich ausruhen konnte. Widerwillig ließ sich Svenja darauf ein. Sowohl in der Firma als auch in ihrer Familie durfte sie doch nicht ausfallen. Nichtstun war so gar nicht ihre Sache, und so kreisten ihre Gedanken weiter um die Arbeit. Kein Wunder, dass sie überhaupt nicht erholt war, als sie nach einigen Tagen an ihren Schreibtisch zurückkehrte. Aber sie redete sich ein, dass die Angelegenheit mit etwas mehr Kaffee und früherem Zubettgehen zu regeln sei. Außerdem ging es doch heutzutage vielen Menschen so wie ihr, das war eben der digitalisierten Arbeitswelt geschuldet.
Svenja war zu diesem Zeitpunkt überhaupt nicht bewusst, dass sie nie gelernt hatte, Nein zu sagen. So wurden die Anforderungen, die von außen, aber auch von ihr selbst an sie gestellt wurden, immer größer, ihre Arbeitszeit wurde immer länger und ihr Gesundheitszustand immer schlechter. Ihr Arzt fragte, wovon sie so erschöpft und müde sei. Es fielen Wörter wie »Burn-out« und »Depression«. Aber das konnte doch nicht sein! Ja, meinte Svenja, sie arbeite zwar viel, aber eigentlich sei doch alles in Ordnung. Ihr Körper signalisierte ihr jedoch deutlich, dass etwas aus dem Gleichgewicht geraten war. Woher sonst der Impuls, vor allem wegzulaufen, was mit Ver-

antwortung zu tun hatte? Am liebsten hätte sich Svenja die Bettdecke über den Kopf gezogen und die Außenwelt völlig ausgeblendet.

So wie Svenja mag es vielen von uns in bestimmten Lebensphasen gehen. Im Versuch, den Spagat zwischen den beruflichen, familiären und eigenen Anforderungen zu schaffen, reiben wir uns auf, bis wir völlig erschöpft sind. Selbst im Urlaub erholen wir uns nicht mehr, weil wir die im Kopf kreisenden Gedanken nicht abstellen können und meinen, wir müssten ständig erreichbar sein. Also – was tun?

In meinen Beratungsgesprächen erlebe ich es immer wieder, dass meine Klienten denken, sie müssten eine bestimmte Veränderung in ihren Lebensumständen herbeiführen, sich zum Beispiel vom Partner trennen oder den Job aufgeben, damit es ihnen besser geht. Zunächst ist es jedoch ratsam, sich mit den eigenen Einstellungen, Gedanken und Gefühlen zu beschäftigen und diese zu verändern. Dabei kann man sich Hilfe bei einem Coach oder Berater holen, zu einem Psychotherapeuten gehen oder mit einer Freundin oder dem Partner reden, bevor man überstürzte Entscheidungen trifft. Aus dem »Ich kann nicht mehr!« kann dann die Frage entstehen: »Was will ich denn eigentlich?« In einem Coaching-Gespräch werden alte Prägungen bewusst gemacht, beispielsweise, sich selbst als Opfer der Umstände anzusehen oder nicht Nein sagen zu dürfen, weil man Angst hat, dann nicht mehr geliebt zu werden. Man wird dabei begleitet, sein Leben zum Positiven hin auszurichten, es aktiv zu gestalten und die Verantwortung für sich zu übernehmen. Ein Coach kann bei diesem Veränderungsprozess ein wertvoller Begleiter sein, und auch Hoʻoponopono gehört zu den unterstützenden Methoden.

Diese Möglichkeiten wählte auch Svenja. Ihr Arzt schrieb sie für mehrere Wochen krank, sodass sie Zeit hatte, sich auf sich selbst zu besinnen und gesund zu werden. Sie ließ sich von einem Heilpraktiker behandeln, gönnte sich wohltuende Massagen und wendete täglich Ho'oponopono an. Hier einige Beispiele ihrer Ritualsätze (angegeben ist jeweils nur der erste Satz, gesprochen werden alle fünf Sätze):

»Fluchtimpuls, ich vergebe dir.«
»Panikattacken, ich vergebe euch.«
»Nächtliche Angstzustände, ich vergebe euch.«
»Meine Hilflosigkeit, ich vergebe dir.«
»Pflichtbewusstsein, ich vergebe dir.«
»Unfähigkeit, Nein zu sagen, ich vergebe dir.«
»Angst vor dem Arztbesuch, ich vergebe dir.«
»Arbeitgeber, ich vergebe dir, dass du mir so viele Aufgaben gegeben hast.«
»Meine Familie, ich vergebe euch, dass ihr mit meiner Situation nicht gut umgehen könnt.«

Ganz allmählich gewann Svenja Klarheit und inneren Frieden zurück. Dank Hoʻoponopono konnte sie jederzeit und unabhängig von anderen etwas für ihre Gesundheit tun. Sie fühlte sich mit ihrer verstorbenen Großmutter, die sie wie einen Schutzengel empfand, verbunden, und dies gab ihr zusätzliche Hoffnung und stärkte ihr Vertrauen in die guten Kräfte des Universums. Schon bald konnte Svenja mit einem positiven Gefühl an ihren Arbeitsplatz zurückkehren. Sie achtete nun viel besser auf sich und nutzte Hoʻoponopono auch weiter jeden Tag, um in ihrer Kraft zu bleiben.

Nahrung: Unser »Mittel zum Leben«

In meinen Workshops mache ich manchmal ein kleines Experiment: Ich lege zwei gleiche Früchte vor mir auf den Tisch, beispielsweise Äpfel. Ich nehme eine Frucht in meine Hände und spreche dreimal ein positives Wort wie »Liebe« aus. Anschließend umfasse ich die andere Frucht mit meinen Händen und spreche dreimal ein negativ besetztes Wort wie »Stress« aus. Dann frage ich die Teilnehmer, welche Frucht sie haben wollen. Es wird sicher niemanden überraschen, dass sich alle für das mit Liebe programmierte Obst entscheiden.

Natürlich wünschen wir uns, dass unser Essen eine positive Energie hat. Dennoch nehmen viele Menschen jeden Tag Nahrung zu sich, die man kaum noch als »nährend« bezeichnen kann, Lebensmittel, in denen nicht mehr viel Leben steckt. Durch zahlreiche Berichte in den Medien dürfte mittlerweile den meisten Menschen klar sein, dass wir uns krank oder gesund essen können. Anders gesagt:

Durch die Wahl unserer Nahrung haben wir einen sehr konkreten und unmittelbaren Einfluss auf unsere Gesundheit. Was nährt uns? Was gibt uns Kraft? Was stärkt unsere körperliche und psychische Konstitution? Wie wirkt sich, was wir essen, auf unsere Energie aus? Was brauchen wir, um gesund zu werden und zu bleiben?

Spätestens seit den Wasserexperimenten von Masaru Emoto (mehr dazu im Kapitel »Ja zum Leben, ja zur Liebe – Aloha!«, S. 133) ist bekannt, welch einen starken Einfluss Gedanken, Gefühle und Einstellungen auf unsere Nahrung haben. So hat es eine positive Wirkung auf unser Essen, wenn wir achtsam damit umgehen und der Natur für ihre Gaben danken. Und zusätzlich beeinflusst das, was wir im Kleinen tun, letztlich den Welthandel, die Anbaumethoden und schließlich sogar das Angebot im heimischen Supermarkt, ganz im Sinne des hawaiianischen Ohana-Gedankens, dass wir alle eine (Welt-)Familie sind. Entscheiden wir uns, im Winter Äpfel statt Erdbeeren zu essen? Achten wir beim Kauf von Fisch auf nachhaltigen Fischfang? Reduzieren oder beenden wir den Tieren und der Erdatmosphäre zuliebe unseren Fleischkonsum? Wir wissen heute, dass unser Verhalten als »Endverbraucher« bedeutende Veränderungen zur Folge haben kann.

Was hat das nun mit Ho'oponopono und unserer Gesundheit zu tun? Mitunter fällt es uns nicht auf Anhieb leicht, unsere Ess- und Kaufgewohnheiten zu ändern, auch wenn wir es im Grunde wollen. Durch die Anwendung von Ho'oponopono können wir alte Ängste und emotionalen Ballast loslassen und uns für ein neues Verhalten öffnen. Dazu einige Beispielsätze (angegeben ist jeweils der erste Satz, gesprochen werden alle fünf Sätze):

»Eltern, ich vergebe euch, dass ich an euren Essgewohnheiten festhalte.«
»Körper, ich vergebe dir, dass du nach Junkfood statt gesunder Nahrung verlangst.«
»Körper, ich vergebe dir, dass ich deine wahren Bedürfnisse überhört habe.«
»Stress, ich vergebe dir, dass ich wegen dir nicht achtsam einkaufe.«
»Bequemlichkeit, ich vergebe dir, dass ich wegen dir gedankenlos einkaufe.«

Wenn du dich jetzt fragst, wieso du deiner Bequemlichkeit, die so oft deine gewünschten Veränderungen verhindert, Liebe schenken sollst: Vielleicht hast du dich bisher für deine Bequemlichkeit verurteilt; du wolltest, sie wäre nicht da. Wenn wir Teile von uns ablehnen, werden sie jedoch nur stärker. Indem du anerkennst, dass auch deine Bequemlichkeit etwas Positives für dich will (im Beispiel: beim Gewohnten bleiben, Stressreduzierung …), nimmst du sie ernst, und das ist die Basis für eine stabile innere Veränderung. Das gilt im Übrigen genauso, wenn wir uns eigentlich mehr bewegen wollen, es aber irgendwie nicht schaffen, mehr Sport in unseren Alltag zu integrieren. Dass Bewegung ebenfalls ein wichtiger Faktor ist, um unsere Gesundheit zu erhalten, wird sicher niemand abstreiten wollen. Ein regelmäßiges Training, um Kraft, Beweglichkeit und Kondition zu stärken, beugt vielen Krankheiten vor. Daher können wir die Beispielsätze, die im letzten Absatz aufgelistet sind, auch für diesen Bereich nutzen und entsprechend abwandeln.

Eine ganz andere Anwendungsmöglichkeit für Ho'oponopono fand ich völlig unerwartet. Eigentlich sollte es nur ein netter Abend mit einer Freundin werden …

Ute und ihre Wut auf die Massentierhaltung

Ute und ich saßen in einem gemütlichen Restaurant und unterhielten uns. Als das bestellte Essen gebracht wurde, richtete sich unsere Aufmerksamkeit auf das Thema »Essen«, und kurz darauf war die vorher so angenehm lockere Atmosphäre dahin. Denn Ute redete auf einmal über die schrecklichen Arten der Tierhaltung, und das machte sie immer wütender. Meine Versuche, das Thema zu wechseln, blieben erfolglos; sie war einfach nicht zu stoppen. Empört schilderte sie, wie die Tiere heutzutage gehalten und geschlachtet werden.

Da Ute auf dem Land lebt und Pferde liebt, konnte ich ihren Groll durchaus nachvollziehen. Trotzdem wollte ich nicht in ihre Wut und Enttäuschung mit hineingezogen werden. Wie sollten wir unser Abendessen genießen, während sie derart schimpfte? Ich fragte mich, mit welcher Energie wir gerade das Essen programmierten, und die Antwort gefiel mir gar nicht. Anstatt die negativen Gefühle auszuhalten oder sogar zu vermehren, entschied ich mich für die Anwendung von Ho'oponopono. Während ich weiter zuhörte, zog ich mich innerlich zurück und sprach in meinen Gedanken die Vergebungssätze:

»Ute, ich vergebe dir, dass dich die Massentierhaltung so sehr ärgert.
Ute, ich bitte dich um Vergebung, dass dich die Massentierhaltung so sehr ärgert.
Ute, ich vergebe mir, dass dich die Massentierhaltung so sehr ärgert.
Ute, ich liebe dich.
Ute, ich liebe mich.«

»Ute, ich vergebe dir, dass du dir Sorgen um die Tiere machst.
Ute, ich bitte dich um Vergebung, dass du dir Sorgen um die Tiere machst.

*Ute, ich vergebe mir, dass du dir Sorgen um die Tiere machst.
Ute, ich liebe dich.
Ute, ich liebe mich.«*

»*Alle Politiker, die mit Massentierhaltung in Verbindung stehen, ich vergebe euch.
Alle Politiker, die mit Massentierhaltung in Verbindung stehen, ich bitte euch um Vergebung.
Alle Politiker, die mit Massentierhaltung in Verbindung stehen, ich vergebe mir.
Alle Politiker, die mit Massentierhaltung in Verbindung stehen, ich liebe euch.
Alle Politiker, die mit Massentierhaltung in Verbindung stehen, ich liebe mich.«*

»*Alle Menschen, die mit Massentierhaltung in Verbindung stehen, ich vergebe euch.
Alle Menschen, die mit Massentierhaltung in Verbindung stehen, ich bitte euch um Vergebung.
Alle Menschen, die mit Massentierhaltung in Verbindung stehen, ich vergebe mir.
Alle Menschen, die mit Massentierhaltung in Verbindung stehen, ich liebe euch.
Alle Menschen, die mit Massentierhaltung in Verbindung stehen, ich liebe mich.«*

»*Kühe, Hühner, Schweine und alle anderen Tiere, ich vergebe euch.
Kühe, Hühner, Schweine und alle anderen Tiere, ich bitte euch um Vergebung.*

Kühe, Hühner, Schweine und alle anderen Tiere, ich vergebe mir.
Kühe, Hühner, Schweine und alle anderen Tiere, ich liebe euch.
Kühe, Hühner, Schweine und alle anderen Tiere, ich liebe mich.«

»Obst und Gemüse, ich vergebe euch.
Obst und Gemüse, ich bitte euch um Vergebung.
Obst und Gemüse, ich vergebe mir.
Obst und Gemüse, ich liebe euch.
Obst und Gemüse, ich liebe mich.«

Während Ute mit ihren Tiraden fortfuhr, wiederholte ich innerlich alle Sätze, die für mich stimmig waren. So gelang es mir, ruhig und gelassen zu bleiben; ihr Ärger erreichte mich nicht, sondern floss ganz leicht ab. Nach und nach beruhigte sich auch Ute, und die Leichtigkeit kehrte in unser Freundinnentreffen zurück. Endlich konnten wir in friedlicher Stimmung unser Essen genießen.

Diese Erfahrung war wirklich beeindruckend. Ich hatte mich entschieden, nicht mehr an den Kämpfen dieser Welt – und kämen sie auch noch so »logisch« daher – beteiligt sein zu wollen. Stattdessen konnte ich, ohne dass es auffiel, Heilung und Frieden in die Situation bringen. Es war für mich ein gutes Gefühl, auf diese Weise aktiv sein zu können.

Von der Geburt bis zum Tod

Geburt und Tod sind keine Krankheiten, sondern normale Vorgänge im Leben eines jeden Menschen, ebenso wie Pubertät und Wechseljahre. Dennoch können Symptome auftreten, bei denen wir uns Hilfe wünschen.
Auch hier können wir uns wieder ein Beispiel an den Hawaiianern nehmen, für die die Anwendung von Ho'oponopono so selbstverständlich wie das Ein- und Ausatmen ist und zu ihrem Leben einfach dazugehört. Auf diese Weise verlaufen bereits Schwangerschaft und Geburt angenehmer und friedvoller, als es bei uns häufig der Fall ist.

Während der Schwangerschaft

Wenn eine Frau zum ersten Mal schwanger ist, wird sie sich wahrscheinlich immer wieder fragen, ob das, was sie in ihrem Körper wahrnimmt, normal ist. Gespräche mit anderen Müttern und mit dem Frauenarzt, Recherche in Büchern und im Internet wirken beruhigend, und doch bleibt oft ein Rest von Unsicherheit.
Ich selbst habe die Erfahrung gemacht, dass es sehr guttut, sich als werdende Mutter nicht nur um das heranwachsende Leben, sondern auch um sich selbst zu kümmern und sich alles zu gönnen, was einem diese spannende Zeit erleichtern und verschönern kann.

Martina und die hawaiianische Geburtsbegleitung

Als Martina zum ersten Mal zu einer Lomi-Lomi-Massage in meine Praxis kam, war sie im sechsten Monat schwanger und klagte über Rückenschmerzen, geschwollene Gelenke und Müdigkeit. Alles wurde ihr zu viel. Jede Lomi-Lomi-Massage beginnt mit einem Vorgespräch, denn sie dient nicht nur der Entspannung, sondern fördert auch die Heilung sowie die innere und äußere Reinigung. Bei einer Tasse Tee erzählte Martina mir ihre Sorgen und Wünsche. Anschließend begann ich die Behandlung mit der Massage des Rückens, der nach hawaiianischer Sichtweise der Ort der Vergangenheit ist. Danach massierte ich den vorderen Teil ihres Körpers mit fließenden, langsamen Bewegungen. Der Bauch gilt als Ort der Gefühle und der Erinnerungen. Wie in Hawaii üblich, hatte ich vor der Lomi-Lomi-Massage ein Gebet gesprochen, und während der Behandlung praktizierte ich Hoʻoponopono für Martina und ihre Anliegen:

»Martina, ich vergebe dir.
Martina, ich bitte dich um Vergebung.
Martina, ich vergebe mir.
Martina, ich liebe dich.
Martina, ich liebe mich.«

Den vierten Satz variierte ich so, wie es mir in den Sinn kam:

»Martina, ich liebe deinen Körper.«
»Martina, ich liebe dein Leben.«
»Martina, ich liebe dein Baby.«
»Martina, ich liebe deine Gelenke.«
»Martina, ich liebe deinen Rücken.«

Martina genoss die Wärme, die beruhigende Musik und die schöne Atmosphäre. Ich spürte, wie Mutter und Kind mit jeder Berührung immer tiefer in eine angenehme Entspannung glitten.
Zum Abschluss der Massage betete ich: »Himmlischer Vater, Quelle der Liebe, die alles verbindet, ich bitte dich um deinen Segen für Martina und ihr Kind. Ich bitte alle anwesenden Ahnen um ihren Segen für Mutter und Kind. Heilende Kraft der göttlichen Quelle, die uns alle miteinander verbindet und die in uns allen wohnt, ich danke dir für deinen Segen für Mutter, Kind und die gesamte Familie.«
In den nächsten Wochen kam Martina noch einige Male zur Massage. Verständlicherweise fiel es ihr immer schwerer, auf dem Rücken zu liegen. Umso mehr staunte sie, dass ihr dies während der Massage ganz gut gelang. Sie konnte wunderbar abschalten, sprach innerlich mit ihrem Kind und fühlte sich so getragen und geborgen, dass die Behandlungen noch tagelang in ihrem Alltag nachwirkten. Deshalb kam sie auch bald nach der Geburt ihrer Tochter Anna wieder zu mir, um sich eine Lomi-Lomi-Massage zu gönnen. Sie erzählte, dass ihr während des Geburtsvorgangs ständig die sanften Töne der hawaiianischen Musik in den Ohren geklungen hatten. Es war ihr so vorgekommen, als sei sie von den hawaiianischen Rhythmen und Energien liebevoll durch die Geburt begleitet worden.

Die Geburt

Als ich vor einiger Zeit einen Vortrag vor schwangeren Frauen hielt, erinnerte ich mich plötzlich mit Schrecken an meine erste Entbindung. Ein paar Wochen vor dem Geburtstermin hatte ich an einer Informationsveranstaltung in der städtischen Frauenklinik teilgenommen. Die Entbindungsstation und die Hebammen hatten auf mich einen sehr guten und vertrauenerweckenden Eindruck gemacht. Mir war gesagt worden, dass es Geburtshocker, Gymnastikbälle und gedämpftes Licht geben würde, um die Geburt für Mutter und Kind zu einer möglichst angenehmen Erfahrung zu machen.
Wie die meisten Erstgebärenden war ich in vielerlei Hinsicht unsicher und besorgt. Da half es nur wenig, dass mich mein Mann sehr unterstützte. Ich fragte Freundinnen und Familienangehörige über ihre Schwangerschafts- und Geburtserfahrungen aus. Nach dem Informationstermin in der Klinik war ich jedoch einigermaßen zuversichtlich.
Schließlich war es so weit, die Wehen setzten ein, und mein Mann und ich fuhren zur Klinik. Eine ältere Hebamme empfing mich und erklärte, sie sei für mich zuständig, und ab da begann der Albtraum. Nichts war so wie erwartet; ich musste um alles kämpfen, und das auch noch meistens vergeblich. Die Gymnastikbälle lagen oben auf den Schränken und konnten angeblich nicht heruntergeholt werden. Geburtshocker waren nicht vorhanden. Ich durfte weder baden noch mich bewegen, obwohl es bei der Informationsveranstaltung angeboten worden war. Das alles wurde mir von der Hebamme in einem groben, unfreundlichen Ton mitgeteilt.
Ich war so fassungslos und erschüttert, dass ich meinen Mann bat, mich trotz heftiger Wehen in eine andere Klinik zu bringen. Aufgrund

des Risikos sahen wir dann aber doch davon ab. Zum Ende meiner Entbindung gegen fünf Uhr morgens war ich so erschöpft, dass ich das Gefühl hatte, nicht mehr leben zu wollen. So anstrengend und kräftezehrend hatte ich mir die Geburt unseres ersten Sohnes nicht vorgestellt. Von einer schönen Geburtserfahrung für Mutter und Kind, wie sie in der Informationsveranstaltung versprochen worden war, konnte keine Rede sein!

Einige Stunden später lernte ich die Hebamme der Frühschicht kennen. Sie gratulierte mir sehr herzlich zur Geburt. Ich war so erleichtert, eine freundliche Person vor mir zu haben, dass ich in Tränen ausbrach und ihr von meinen Geburtserfahrungen erzählte. Sie hörte zu und sagte, es täte ihr unendlich leid; die Kollegin sei »vom alten Schlag« und würde sich wohl nicht mehr ändern.

Wie sehr diese üble Erfahrung jedoch in mir nachwirkte, merkte ich erst, als ich eine Woche nach meiner Entlassung eine Freundin besuchen wollte, die ebenfalls in dieser Klinik entbunden hatte. Ich stand vor dem Krankenhaus und spürte einen solch starken Widerwillen, das Gebäude zu betreten, dass ich am ganzen Körper zitterte. Trotzdem zwang ich mich meiner Freundin zuliebe, hineinzugehen, aber nach wenigen Minuten musste ich den Besuch abbrechen. Ich konnte die Atmosphäre dieser Klinik einfach nicht ertragen.

Später stellte sich heraus, dass ich an einer Wochenbettdepression litt; mein Unterleib heilte nicht, ich dachte sogar an Selbstmord. Als ich endlich das Schlimmste überstanden hatte, schilderte ich dem Chefarzt und dem Klinikchef das Erlebte; ich wollte, dass die Verantwortlichen Bescheid wussten, damit möglichst nicht noch mehr Frauen auf diese Weise verletzt wurden. Beide erklärten, wie leid es ihnen täte, was mir geschehen war, und dass ich nicht die Einzige sei, die sich beschwert habe. Diese Hebamme würde aber in einem halben Jahr in Rente gehen, und man könne nichts tun.

Die Erinnerung an diese Erfahrung kam mit Wucht zurück, als ich meinen Vortrag vor den schwangeren Frauen hielt. Der ganze Groll und meine damalige Unsicherheit und Verletztheit waren immer noch in mir gespeichert. Dank meines Wissens über Ho'oponopono war mir klar, dass ich Vergebung in die Situation bringen musste, um selbst Frieden zu finden. Ich begann noch am gleichen Abend, das Ritual mit der Klinik, dem Chefarzt und sogar mit der alten Hebamme durchzuführen, obwohl ich den Hass auf diese Frau deutlich spürte:

»Hebamme, ich vergebe dir, dass du meine erste Geburt zu einer traumatischen Erfahrung gemacht hast.
Hebamme, ich bitte dich um Vergebung, dass du meine erste Geburt zu einer traumatischen Erfahrung gemacht hast.
Hebamme, ich vergebe mir, dass du meine erste Geburt zu einer traumatischen Erfahrung gemacht hast.
Hebamme, ich liebe dich.
Hebamme, ich liebe mich.«

»Chefarzt, ich vergebe dir, dass du die Arbeitsmethoden dieser Hebamme geduldet hast.
Chefarzt, ich bitte dich um Vergebung, dass du die Arbeitsmethoden dieser Hebamme geduldet hast.
Chefarzt, ich vergebe mir, dass du die Arbeitsmethoden dieser Hebamme geduldet hast.
Chefarzt, ich liebe dich.
Chefarzt, ich liebe mich.«

»Alle, die an dieser Verletzung beteiligt waren, ich vergebe euch.
Alle, die an dieser Verletzung beteiligt waren, ich bitte euch um Vergebung.
Alle, die an dieser Verletzung beteiligt waren, ich vergebe mir.
Alle, die an dieser Verletzung beteiligt waren, ich liebe euch.
Alle, die an dieser Verletzung beteiligt waren, ich liebe mich.«

Plötzlich fiel mir ein, dass sowohl meine Mutter als auch meine Großmutter über Komplikationen bei ihren Entbindungen gesprochen hatten, und ich schloss beide Frauen in das Vergebungsritual mit ein. In meinen Ausbildungen hatte ich ja gelernt, wie sehr die Erfahrungen unserer Vorfahren unsere Gegenwart beeinflussen und beeinträchtigen können. Wer weiß, vielleicht hätte ich eine andere Hebamme bekommen, vielleicht hätte ich mehr Empathie und Zuwendung erhalten, wenn nicht die Verletzungen meiner Mutter und meiner Großmutter in mir einen Widerhall gefunden hätten. Weil ich mich von den Schuldzuweisungen an die Hebamme und die Klinik befreien wollte, übernahm ich endlich die Verantwortung für meine Gefühle, kämpfen zu müssen und enttäuscht zu werden. Dieser Heilungsprozess war so bewegend, dass ich weinen musste. Ich praktizierte Ho'oponopono so lange, bis ich eine deutliche Entspannung und ein Gefühl des Friedens in mir wahrnahm.

Mein eigenes Beispiel soll zeigen, wie wichtig es ist, achtsam mit sich selbst umzugehen, um möglichst schon im Vorfeld Barrieren aus dem Weg zu räumen, die eine leichte und glückliche Geburt verhindern könnten. Wenn du in irgendeiner Weise ein inneres Nein spürst, kannst du es mithilfe von Ho'oponopono rechtzeitig auflösen.

Wenn das Kind nicht schläft

Nach der Geburt eines Kindes können sich die Eltern mit vielen Herausforderungen konfrontiert sehen. Klappt das Stillen? Entwickelt sich das Kind altersgemäß? Wie geht man mit einem Baby um, das häufig weint und schreit? Und in den meisten jungen Familien wird ein Thema Vorrang haben: die Schlafphasen des Kindes während der Nacht.

Charlotte und die Belohnungsschaukel
Seit Charlotte auf der Welt war, beschwerte sich Ann-Kathrin in unserem Freundinnenkreis über die »Schlafmarotten« ihrer Tochter. Von Beginn an wurde diese nachts mehrmals wach, war unruhig und musste durch die Wohnung getragen werden. Ann-Kathrin und ihr Mann konnten keine Nacht durchschlafen; sie hatten weder Erholung noch Privatsphäre. Mittlerweile war Charlotte anderthalb Jahre, und es hatte sich nichts verbessert. Während ihre Mutter redete, saß Charlotte neben uns auf einer Decke; sie nuckelte an ihrer Flasche, als wolle sie sich damit selbst beruhigen, und sah mit müden Augen zu uns herauf.
Ich dachte an meine eigenen Erfahrungen als Mutter und beschloss, etwas auszuprobieren, bei dem unsere Schaukel im Garten eine zentrale Rolle spielen würde, denn Charlotte liebte das Schaukeln. Ich setzte mich zu dem Kind auf den Boden und sagte mit ruhiger Stimme: »Charlotte, du siehst so müde aus. Ich glaube, du möchtest gern mehr schlafen. Oh, schau mal unsere schöne Schaukel im Garten an. Wenn du die ganze Nacht durchschlafen würdest, könntest du morgen früh kommen und so lange schaukeln, wie du willst.

Wenn du ausgeschlafen bist, kannst du dich viel besser und länger an der Schaukel festhalten. Und dann kann sich deine Mama zu dir stellen und die Schaukel anstoßen, so oft du willst. Wenn du ausgeschlafen bist, kannst du jeden Tag kommen und schaukeln.«
Charlotte sah mich aufmerksam an, ihre Augen leuchteten. »Wollen wir mal deine Mama fragen, ob sie gleich morgen früh nach dem Anziehen und Frühstücken mit dir zum Schaukeln herkommen würde, wenn du die ganze Nacht durchgeschlafen hast?« Ich blickte zu Ann-Kathrin hinauf, sie nickte. Das Kind atmete tief aus, als würde Stress von ihm abfallen. Ann-Kathrin versprach mir, zu ihrem Wort zu stehen.
Am nächsten Morgen stand meine Freundin tatsächlich um acht Uhr vor unserer Tür, ihre kleine Tochter an der Hand. Charlotte hatte zum ersten Mal in ihrem Leben eine ganze Nacht durchgeschlafen und damit auch ihren Eltern eine erholsame Nachtruhe ermöglicht. Ann-Kathrin war dankbar für dieses »Wunder« und schob gleich hinterher: »Hoffentlich hält es.«
So ging es einige Tage weiter. Charlotte genoss ihre Zeit auf der Schaukel; sie wirkte insgesamt lebhafter. Doch irgendwann wurde es Ann-Kathrin fast unheimlich, dass Charlotte nun jede Nacht durchschlief. Sie begann, nachts nach dem Kind zu schauen, ob alles in Ordnung sei und die Kleine noch atmete. Ann-Kathrins Sorgen und Ängste dominierten wieder die Situation, und Charlotte reagierte prompt, indem sie immer öfter aufwachte, bis der Zustand genau der gleiche war wie vor meinem Experiment.

Kinder reagieren auf unsere Muster; was wir aussenden, kommt bei ihnen an und hat eine Wirkung auf sie. Daher war es für mich äußerst spannend zu erleben, wie Ann-Kathrins Gedanken und Gefühle

das Verhalten ihrer Tochter beeinflussten. Bevor ich Ho'oponopono kennengelernt hatte, war es mir als junger Mutter ähnlich ergangen. Ich hatte so sehr alle Sinne wie Antennen auf mein Kind gerichtet, dass ich ständig lauschte und nachsah, ob es noch schlief. Ich hatte Sehnsucht nach meinem kleinen Sohn, ich wollte ihn tragen und für ihn da sein, ich vermisste ihn. Wenn er schlief, fühlte ich mich nicht gebraucht. Und prompt – wie auf Bestellung – wurde der Kleine wach. Dabei hätte uns beiden eine Schlafpause gutgetan.

Wenn wir diese alten Muster erkennen, die uns durch unsere Kinder gespiegelt werden, können wir sie loslassen, und es wird umgehend eine Veränderung eintreten. Wäre ich mir schon damals meiner eigenen Gedanken und Gefühle so bewusst gewesen wie heute, hätte ich innerlich zu meinem Sohn gesagt:

»Mein Kind, es tut mir leid, dass ich dich mit meinen Sorgen, Ängsten und Widerständen belaste.
Mein Kind, es tut mir leid, aber ich habe es so in meiner Kindheit gelernt und bis heute so gelebt.
Mein Kind, ich danke dir, dass du mich lehrst, mein Verhalten genauer anzuschauen.
Ich danke dir, dass du in mein Leben gekommen bist und mir sowohl meine Stärken als auch meine Schwächen aufzeigst.
Mein Kind, ich bitte dich, zeige mir alles, was mir bewusst werden soll und was ich verändern darf, denn ich möchte mich weiterentwickeln.
Mein Kind, ich gebe dir die Möglichkeit, dich ebenfalls weiterzuentwickeln.
Mein Kind, ich erlaube dir, die Liebe zu leben.
Mein Kind, ich erlaube mir, die Liebe zu leben.«

Zusätzlich hätte ich meine eigenen Themen mit dem kraftvollen hawaiianischen Vergebungsritual bearbeitet:

»Mein Kind, ich vergebe dir, dass du mir meine alten Prägungen bewusst machst.
Mein Kind, ich bitte dich um Vergebung, dass du mir meine alten Prägungen bewusst machst.
Mein Kind, ich vergebe mir, dass du mir meine alten Prägungen bewusst machst.
Mein Kind, ich liebe dich.
Mein Kind, ich liebe mich.«

»Mein Kind, ich vergebe dir, dass ich vor Sehnsucht nach dir mich selbst vergesse.
Mein Kind, ich bitte dich um Vergebung, dass ich vor Sehnsucht nach dir mich selbst vergesse.
Mein Kind, ich vergebe mir, dass ich vor Sehnsucht nach dir mich selbst vergesse.
Mein Kind, ich liebe dich.
Mein Kind, ich liebe mich.«

Der hawaiianische Umgang mit dem Tod

Die Hawaiianer gehen mit dem Tod gelassener um, als es in unserer Gesellschaft üblich ist. Dies durfte ich während meiner Ausbildung miterleben, als unsere Anatomielehrerin Annie starb. Diese Erfahrung, die ich bereits im Kapitel »Glaube, Gebete und Magie« (S. 51) erwähnt habe, hat meine Einstellung zum Tod nachhaltig verändert.

Als unsere Gruppe eines Morgens von Margaret Machado erfuhr, dass Annie in der Nacht gestorben war, traf uns die Nachricht sehr, denn wir hatten Annie in ihrer liebenswerten Art sehr ins Herz geschlossen. An diesem Tag fiel unser Unterricht aus; wir Schüler konnten uns – jeder auf seine eigene, kulturell geprägte Weise – mit dem Verlust auseinandersetzen. Manche weinten oder zogen sich zurück, einige suchten die Nähe zu anderen und sprachen miteinander. Viele von uns waren verunsichert und ängstlich, weil wir nicht wussten, wie wir uns in dieser Situation verhalten sollten. Was uns Angst machte, war die Vorstellung, dass jemand, den wir noch am Tag zuvor so lebendig erlebt hatten, nun kalt und leblos irgendwo lag.

Auf einmal fiel mir ein, dass mir Annie in der vergangenen Nacht im Traum erschienen war, um sich von mir zu verabschieden. Die Erinnerung an den Traum wurde immer klarer, und mir wurde bewusst, dass ich ihr sogar Fragen hatte stellen können, und sie hatte gesagt, sie sei zwar traurig, lieb gewonnene Menschen verlassen zu müssen, aber sie habe keine Angst vor dem, was jetzt kommen werde. Ich nahm allen Mut zusammen und erzählte meinen Mitschülern davon, und einer nach dem anderen berichtete, dass ihm das Gleiche passiert war. Teilweise hatte Annie in diesen Träumen sogar Ratschläge und weise Worte als Geschenk hinterlassen.

Annies Abschied, das fiel uns allen nun auf, war nicht mit Trauer und Angst verbunden gewesen, sondern in geradezu heiterer Stimmung verlaufen. Sie hatte uns ihre Dankbarkeit für die gemeinsame Zeit, für unseren Austausch und unser schönes Zusammensein übermittelt. Dieser Traum, den wir alle in ähnlicher Weise gehabt hatten, hinterließ bei unserer ganzen Gruppe ein Gefühl von Leichtigkeit und Frieden.

Als wir unserer Kahuna Margaret Machado davon erzählten, bestätigte sie, dass sich Annie in der Nacht, als sie gestorben war, von vielen Menschen verabschiedet hatte. Das sei nicht ungewöhnlich. Menschen, die die Zeichen zu deuten verstünden, könnten sogar bereits Tage oder Wochen vorher wahrnehmen, dass jemand bald sterben werde. Ich erinnerte mich, dass auch ich bereits Signale erkannt hatte, die auf den baldigen Tod eines Menschen hingewiesen hatten, allerdings hatte ich mir das nicht eingestehen wollen. Es war eher ein unbewusstes Wissen gewesen.

Einige Tage später waren Verwandte, Freunde und auch wir Schüler zur Abschiedszeremonie für Annie eingeladen. Viele Menschen waren zum Treffpunkt in Meeresnähe gekommen, manche wirkten gelassen, andere weinten und sahen bedrückt aus. Die alten Weisen, die die Zeremonie leiteten, waren ruhig und entspannt. Sie luden alle ein, einen großen Kreis zu bilden. Annies Verwandte, die vom Festland der USA angereist waren, und auch alle anderen Gäste wurden von ihnen willkommen geheißen. Das hawaiianische Gemeinschaftsgefühl umfing mich, und ich begann, mich zu entspannen.

Nun sollte jeder auf seine eigene Weise ein paar Sätze an Annie richten. Es wurden traurige und lustige Episoden erzählt, Balladen rezitiert, und es wurde Hula getanzt. Auf zeremonielle Art wurden

Kräuter verbrannt, und jeder der Anwesenden drückte individuell seine Dankbarkeit und seine guten Wünsche für Annie aus. Wir Schüler erinnerten uns daran, dass Annie eines Tages ein paar Hundewelpen zum Unterricht mitgebracht hatte, um für gute Stimmung zu sorgen, damit wir den eher trockenen Stoff der Anatomie leichter aufnehmen konnten. Wir waren dankbar, dass wir Annie als Lehrerin hatten erleben dürfen.

Anschließend folgten alle den Kahunas zum Wasser. Die Schaumkronen hoher Wellen umspielten unsere Füße, während ein paar Menschen in traditionellen hawaiianischen Booten hinausfuhren, um Annies Asche dem Ozean zu übergeben. Wir sangen hawaiianische Lieder, und plötzlich fühlte ich mich eins mit allem: mit der Sonne, dem Wasser und dem sanften Streicheln des Windes. Ich lauschte den Gebeten und sah zu, wie die Urne ausgeleert wurde und sich die Asche mit den Elementen mischte. Genau in diesem Augenblick tauchten am Horizont Delfine auf, als hätten sie darauf gewartet. Es waren nicht fünf oder sechs Tiere, was oft vorkam, weil Delfine in einer Gemeinschaft leben. Ich zählte mindestens achtzehn Tiere, vielleicht waren es sogar mehr. Wenn sie sprangen, glitzerte das Wasser, sodass sich Ozean, Sonne und Delfine miteinander zu verbinden schienen.

Es war einer dieser seltenen Momente im Leben, in denen die Zeit stillzustehen schien. Alle Kräfte der Natur, symbolisiert durch die Elemente und die Anwesenheit und den Gesang der Delfine, begleiteten Annie auf ihrem letzten Weg. Von dieser Schönheit überwältigt, füllte sich mein Herz mit Liebe. Ich war glücklich, diese Einheit von allem erleben zu dürfen. Bis dahin hatte ich Abschiednehmen immer als etwas Schmerzhaftes wahrgenommen. Aber das hier war schön, harmonisch und friedlich.

Ich sah mich um und erkannte, dass es meinen Mitschülern und Freunden genauso ging wie mir. Die Menschen lächelten unter Tränen; das Gemeinschaftsgefühl war unbeschreiblich intensiv. In diesem Augenblick begriff ich, dass der Tod zum Leben dazugehört, dass ihm etwas Schönes, Harmonisches und sogar Heilsames innewohnt. Das war der Moment, in dem ich meine Angst vor dem Tod verlor. Mir wurde bewusst, dass es von unserer Einstellung abhängt, ob wir den Tod als Feind oder Freund betrachten wollen.

Bei der anschließenden Feier mit gemeinsamem Essen und heiterer Stimmung fühlte ich mich in meiner neuen Erkenntnis bestätigt. Den Tod zu akzeptieren, hat mein Vertrauen ins Leben gefestigt. Letztlich ist der Tod vielleicht einfach nur ein Übergang in einen anderen Seinszustand, den wir jetzt noch nicht kennen.

Offene Rechnungen

Häufig erleben wir es, dass Menschen nicht sterben können und sich quasi ans Leben klammern. Ich habe die Erfahrung gemacht, dass ungeklärte Themen, zum Beispiel mit Angehörigen, der Grund dafür sein können, wie es bei Bastian und seiner Mutter der Fall war.

Bastian und die unerledigten Akten

Bastian kam wegen seiner demenzkranken Mutter zu einer Einzelberatung zu mir. Er erzählte, sie sei auf fünfundvierzig Kilo abgemagert und müsse Tag und Nacht festgeschnallt werden, damit sie nicht aufsteht und sich verletzt. Sie sei überhaupt nicht mehr ansprechbar, ihr ganzes Wesen habe sich durch die Demenz völlig verändert. »Es tut mir so leid für sie«, sagte Bastian, »das ist doch kein Leben. Ich bete für sie und sage ihr, dass es für mich in Ordnung ist, wenn sie geht. Aber meine Worte scheinen keine Wirkung zu haben, ich erreiche sie nicht. Ich kann es kaum noch mit ansehen. Was soll ich tun?«

Solche Situationen kannte ich gut aus meiner Praxis. Ich sah einen gestandenen Mann vor mir, der mit den Tränen kämpfte und dem es schwerfiel, über seine Gefühle zu sprechen. Während er noch redete, konnte ich dank meiner Hellsichtigkeit Kontakt zu seiner Mutter aufnehmen und wahrnehmen, dass die beiden noch etwas miteinander zu klären hatten. Etwas Unausgesprochenes lag zwischen ihnen, sodass sie nicht loslassen konnte. Mit solchen Informationen gehe ich jedoch immer sehr vorsichtig um. Ich will ja keine Lösungen präsentieren, sondern »nur« den Weg zur Lösung weisen.

Bastian hatte ja schon gesagt, wie hilflos er sich fühlte. So erzählte ich ihm zunächst, was ich von einer Krankenschwester gehört hatte:

Sie hatte oft beobachtet, dass Menschen leichter sterben konnten, wenn ihre Angehörigen das Krankenzimmer verlassen hatten, um sich zum Beispiel einen Kaffee oder eine Zeitschrift zu holen. Dann schien es ihnen leichterzufallen, ihren Körper zu verlassen.

Bastian bestätigte das: »So war es bei meinem Vater. Ich hatte ihm gesagt, dass er sich keine Sorgen um mich machen müsse. Meine Tiere würden schon auf mich aufpassen. Kurz darauf verließ ich für einen Moment das Zimmer, und als ich zurückkam, war er gestorben. Aber dieses Mal ist es anders. Was kann ich bloß machen?«

Dank der Informationen, die ich durch meine Hellsichtigkeit erhalten hatte, fragte ich Bastian: »Gibt es ungeklärte Themen zwischen Ihnen und Ihrer Mutter? Konnten Sie mit den Ereignissen in Ihrer Kindheit Frieden schließen?«

»Meine Mutter hat mich alleingelassen«, antwortete Bastian sofort. Sein Gesichtsausdruck zeigte mir, dass er diese Erfahrung noch nicht verarbeitet hatte. »Ich bin bei meinen Großeltern aufgewachsen, habe mich oft sehr einsam gefühlt und meine Mutter sehr vermisst. Sie ist schuld daran, dass ich in der Schule und später im Beruf Probleme hatte und dass ich nicht in einer Beziehung leben kann. Sie hat alles kaputt gemacht!«

»Ihre Vorwürfe und die Schuldgefühle Ihrer Mutter sind wahrscheinlich der Grund, warum sie noch nicht loslassen kann«, sagte ich behutsam. »Es kommt mir so vor, als würde Ihre Mutter an einem Schreibtisch voller unerledigter Akten sitzen, die sie allein nicht bearbeiten kann. Und die gleiche Unordnung herrscht auf Ihrem Schreibtisch. Beides hängt miteinander zusammen. Was würde passieren, wenn Sie damit anfangen würden, Ihren eigenen Schreibtisch aufzuräumen?«

»Dann könnte meine Mutter gehen«, antwortete Bastian spontan. Er war selbst erschrocken über seine Aussage, aber mehr als bereit für die Arbeit mit Hoʻoponopono:

»Mutter, ich vergebe dir, dass du mich als Kind alleingelassen hast.
Mutter, ich bitte dich um Vergebung, dass du mich als Kind alleingelassen hast.
Mutter, ich vergebe mir, dass du mich als Kind alleingelassen hast.
Mutter, ich liebe dich.
Mutter, ich liebe mich.«

»Mutter, ich vergebe dir, dass ich dich vermisst habe.
Mutter, ich bitte dich um Vergebung, dass ich dich vermisst habe.
Mutter, ich vergebe mir, dass ich dich vermisst habe.
Mutter, ich liebe dich.
Mutter, ich liebe mich.«

»Mutter, ich vergebe dir, dass ich wegen dir nicht in einer Beziehung lebe.
Mutter, ich bitte dich um Vergebung, dass ich wegen dir nicht in einer Beziehung lebe.
Mutter, ich vergebe mir, dass ich wegen dir nicht in einer Beziehung lebe.
Mutter, ich liebe dich.
Mutter, ich liebe mich.«

Das waren nur einige der Sätze, die Bastian aussprach. Nach zwei Sitzungen hatte er »seinen Schreibtisch aufgeräumt«, seiner Mutter vergeben und die Verantwortung für seinen eigenen Anteil übernommen. Wir hatten mit dieser Arbeit alte, unbrauchbare Informationen gelöscht; an die Stelle von Vorwürfen und Schuldgefühlen waren neue Werte wie Klarheit, Aussöhnung und Frieden getreten. Nach unserer zweiten Sitzung konnte Bastians Mutter in Frieden sterben.

Es gibt auch Menschen, die aus Sorge um Kinder, Enkel oder Ehepartner nicht gehen können. Sie fürchten, dass die anderen mit den alltäglichen Anforderungen nicht allein zurechtkommen. Doch niemand kann auf Dauer die Verantwortung für jemand anderen übernehmen. Auf sich allein gestellt zu sein, kann sogar bei der Person, die zurückbleibt, ungeahnte Kräfte und neuen Mut zum Leben freisetzen. Auch hier hilft die Anwendung von Ho'oponopono, wie es die Beispielsätze zeigen (angegeben ist jeweils der erste Satz, gesprochen werden alle fünf Sätze):

»Ich vergebe dir, dass du dir Sorgen um mich machst.«
»Ich vergebe dir, dass du nicht loslassen kannst.«
»Ich vergebe dir, dass du gern weiter die Verantwortung für mich (die Kinder, die Enkel, die Firma …) übernehmen willst.«
»Ich vergebe dir, dass du zu wenig Vertrauen ins Leben hast.«

Auf diese Weise geben wir dem Sterbenden unser Einverständnis zu gehen.

Mit dem Tod Frieden schließen

Viele Menschen haben Angst vor dem Tod oder würden ihn am liebsten ignorieren. Da er aber auf jeden von uns unweigerlich zukommt, nutzt das nichts. Es gibt jedoch auch Menschen, die nicht nur ihrem eigenen Tod gelassen entgegensehen, sondern es sogar ganz natürlich finden, mit Verstorbenen zu kommunizieren. Meine Freundin Marita redet in Gedanken häufig mit ihrer verstorbenen Schwiegermutter, besonders dann, wenn sie wieder einmal im Haus des Schwiegervaters, der dort mit seinen neunzig Jahren allein wohnt, einen Gegenstand nicht finden kann. Fast immer empfängt Marita sofort einen Impuls und findet das Gesuchte an der »angegebenen« Stelle, an der sie von sich aus niemals nachgeschaut hätte. Auch wegen aller Arbeiten in Haus und Garten fragt sie gern ihre Schwiegermutter um Rat und erhält umgehend eine Antwort.
Was für Marita völlig normal ist, mögen andere als Spinnerei abtun. Es ist die Entscheidung jedes Einzelnen, dies abzulehnen oder sich für einen solchen Kontakt zu öffnen.

Viele Erwachsene haben im realen Leben noch niemals einen Toten gesehen, weil es die alten Rituale wie Aufbahrung, Totenwache und Totengebet kaum noch irgendwo gibt. Das macht es nicht leicht, den Tod als Teil unserer irdischen Lebensbedingungen zu akzeptieren. Wenn ein uns nahestehender Mensch todkrank ist oder im Sterben liegt, konfrontiert uns das mit der Endlichkeit unseres eigenen Lebens. Es ist mutig, dann nicht die Augen zu verschließen, sondern sich seinen Gefühlen von Angst und Ungewissheit zu stellen und sich mit ihnen auseinanderzusetzen. Mithilfe von Ho'oponopono können wir nicht nur selbst zu einem gelasseneren Umgang mit unserer Sterblichkeit finden, sondern sogar andere unterstützen, einen geliebten Menschen gehen zu lassen oder diesem den Übergang zu erleichtern.

Annelie und der Freund im Koma

Annelies Freund Ludger, den sie seit ihrer Schulzeit kannte, lag seit einem schweren Unfall im Koma. Die Ärzte machten seiner Familie keine Hoffnung, dass sich sein Zustand verbessern könnte. Besonders seine Tochter Solveig litt sehr darunter, ihren Vater so zu sehen und ihm nicht helfen zu können. Auch Annelie war bestürzt, den einst so starken Mann, der immer gute Laune verbreitet hatte, derart hilflos sehen zu müssen: nicht ansprechbar, angeschlossen an eine ganze Reihe medizinischer Geräte. Da sie seit Längerem mit Ho'oponopono und dem Gedanken der Ohana, der Verbundenheit in der Gemeinschaft, vertraut war, begann sie, das Vergebungsritual für sich selbst, für Ludger und für Solveig zu praktizieren:

*»Ludger, ich vergebe dir, dass ich traurig bin, dich so zu sehen.
Ludger, ich bitte dich um Vergebung, dass ich traurig bin, dich so zu sehen.
Ludger, ich vergebe mir, dass ich traurig bin, dich so zu sehen.
Ludger, ich liebe dich.
Ludger, ich liebe mich.«*

*»Solveig, ich vergebe dir, dass du traurig bist.
Solveig, ich bitte dich um Vergebung, dass du traurig bist.
Solveig, ich vergebe mir, dass du traurig bist.
Solveig, ich liebe dich.
Solveig, ich liebe mich.«*

*»Ludger, ich vergebe dir, dass ich Angst vor dem Tod habe.
Ludger, ich bitte dich um Vergebung, dass ich Angst vor dem Tod habe.
Ludger, ich vergebe mir, dass ich Angst vor dem Tod habe.
Ludger, ich liebe dich.
Ludger, ich liebe mich.«*

*»Ludger, ich vergebe dir, dass ich Angst habe, dass du stirbst.
Ludger, ich bitte dich um Vergebung, dass ich Angst habe, dass du stirbst.
Ludger, ich vergebe mir, dass ich Angst habe, dass du stirbst.
Ludger, ich liebe dich.
Ludger, ich liebe mich.«*

Wann immer Annelie Zeit hatte, wendete sie das Ritual an und variierte dabei die fünf Sätze je nach Gefühl. Als sie zur nächsten

Sitzung zu mir kam, berichtete sie, dass Ludger friedlich gestorben sei. Seine Vitalfunktionen waren erloschen, ohne dass die Familie die schwierige Entscheidung hatte treffen müssen, die lebenserhaltenden Maßnahmen zu beenden. Solveig war froh, dass ihr Vater nicht länger leiden musste. Das machte es ihr leichter, ihn loszulassen, obwohl sie ihn vermisste. Annelie selbst war vor allem erstaunt darüber, dass sich alles so leicht hatte lösen dürfen.

Einer Sache bin ich mir ganz sicher: Liebe geht über den Tod hinaus, Liebe endet nie. Das macht mir persönlich das Loslassen geliebter Menschen leichter, weil ich die Verbindung mit demjenigen, der gegangen ist, auch weiterhin in meinem Herzen spüren kann. Ich nutze die Kraft des hawaiianischen Vergebungsrituals, um sowohl mir als auch dem Sterbenden den Abschied zu erleichtern und das Loslassen auf beiden Seiten zu unterstützen. Darüber hinaus kann Ho'oponopono Menschen in ihrem Trauerprozess und beim anschließenden Neuanfang begleiten.

Der Sinn des Lebens

Da es zu unseren Grundbedürfnissen zählt, einen Sinn im Leben zu finden, gehört meines Erachtens auch dieser Aspekt in ein Buch, das sich umfassend mit dem Thema »Gesundheit« beschäftigt. Wenn wir beispielsweise keinen Sinn darin entdecken können, etwas Neues zu lernen, wird es uns kaum möglich sein, uns dafür zu motivieren.

Die Sinnsuche steht auch im Zusammenhang mit den Lebensverhältnissen: Wenn unsere materiellen Bedürfnisse befriedigt sind, fragen wir uns, was unsere Aufgabe in der Welt ist, welche Spuren wir hinterlassen wollen und was uns innerlich erfüllt. Dass wir heute zahlreiche Möglichkeiten haben, unser Leben zu gestalten, macht es nicht einfacher, eine Entscheidung zu treffen. Sobald sich jemand für eine Richtung entscheidet, schließt dies ja viele andere Wege automatisch aus. Nicht zufällig kommen häufig Menschen mit der Klage »Ich kann mich nicht entscheiden, was das Richtige für mich ist« in eine Beratung. Zu viele Auswahlmöglichkeiten können Verwirrung und innere Unklarheit zur Folge haben.

Zwei Erkenntnisse haben mir selbst bei diesen Fragen geholfen. Die erste lautet: Ich höre auf zu suchen. Ich finde. Alle Antworten und Lösungen sind bereits da. Ich folge meiner Intuition und höre auf mein Herz. Ich vertraue dem Leben.

Die zweite Erkenntnis ist diese: Wenn ich das Gefühl habe, in einer Sackgasse gelandet zu sein, darf ich mich umdrehen und eine neue Richtung einschlagen.

Wer in traditioneller oder spiritueller Weise gläubig ist und sich mit einer liebenden Schöpferkraft verbunden weiß – so, wie ich es in Hawaii, aber nicht nur dort kennengelernt habe –, der wird sich leichter dem Leben anvertrauen und jeden Tag als Geschenk annehmen können.

Zur Unterstützung auf diesem Weg können wir natürlich auch wieder Ho'oponopono anwenden; dazu einige Beispiele:

»Angst vor einer Entscheidung, ich vergebe dir, dass du mich hemmst.
Angst vor einer Entscheidung, ich bitte dich um Vergebung, dass du mich hemmst.
Angst vor einer Entscheidung, ich vergebe mir, dass du mich hemmst.
Angst vor einer Entscheidung, ich liebe dich.
Angst vor einer Entscheidung, ich liebe mich.«

»Angst vor Selbstverantwortung, ich vergebe dir.
Angst vor Selbstverantwortung, ich bitte dich um Vergebung.
Angst vor Selbstverantwortung, ich vergebe mir.
Angst vor Selbstverantwortung, ich liebe dich.
Angst vor Selbstverantwortung, ich liebe mich.«

»Gedankenkarussell, ich vergebe dir, dass du mich verwirrst.
Gedankenkarussell, ich bitte dich um Vergebung, dass du mich verwirrst.
Gedankenkarussell, ich vergebe mir, dass du mich verwirrst.
Gedankenkarussell, ich liebe dich.
Gedankenkarussell, ich liebe mich.«

»Angst vor dem Loslassen, ich vergebe dir.
Angst vor dem Loslassen, ich bitte dich um Vergebung.
Angst vor dem Loslassen, ich vergebe mir.

Angst vor dem Loslassen, ich liebe dich.
Angst vor dem Loslassen, ich liebe mich.«

»Innere Unsicherheit, ich vergebe dir.
Innere Unsicherheit, ich bitte dich um Vergebung.
Innere Unsicherheit, ich vergebe mir.
Innere Unsicherheit, ich liebe dich.
Innere Unsicherheit, ich liebe mich.«

Ja zum Leben,
ja zur Liebe – Aloha!

Nun sind wir gemeinsam den langen Weg durch das Labyrinth gegangen und haben entdeckt, dass man nicht in der Mitte stehen bleiben kann. Wir mussten wieder zum Ausgangspunkt unserer Reise zurückkehren, denn Leben bedeutet, in Bewegung zu sein.

Dazu passt, dass unser Körper zu ungefähr siebzig Prozent aus Wasser besteht. Der japanische Wissenschaftler Masaru Emoto entdeckte, dass Wasser durch Musik, Gedanken und Zettel programmiert werden kann; in mehreren Büchern (»Die Botschaft des Wassers«, »Die Antwort des Wassers«, »Wasserkristalle«) veröffentlichte er atemberaubende Fotos seiner Experimente. Er hatte Wasser in Flaschen abgefüllt, diese mit Worten wie »Hass« oder »Dummkopf« beschriftet und danach eingefroren. Am nächsten Tag zeigten die Eiskristalle asymmetrische, unregelmäßige Formen. Als er die Flaschen mit Worten wie »Liebe«, »Engel« oder »Dankbarkeit« beschriftete, wurden auf den Fotos wunderschöne, harmonische Kristalle sichtbar.
Ebenso prägt und beeinflusst die Qualität unserer Gedanken und Gefühle unser eigenes Inneres, und zwar nicht nur unseren Wasseranteil, sondern jede Körperzelle als Ganzes. Wir programmieren uns ununterbrochen selbst und geben Informationen als innere Neins oder Jas an unser ganzes System. Mit Ho'oponopono haben wir ein wunderbares Instrument an der Hand, um die Neins in Jas umzuwandeln, sobald sie uns bewusst werden.

Niemand ist davor gefeit, Dinge, Menschen und Situationen gelegentlich abzulehnen oder negativ zu bewerten. Wichtig ist jedoch, nicht in dieser Haltung zu verharren, sondern in einer Art von Psychohygiene die negativen Einstellungen zu korrigieren. Und das bedeutet, achtsam mit sich selbst umzugehen und die eigenen Gedanken und Gefühle zu reflektieren, so, wie ich es im Kapitel »Vom Nein zum Ja – Claires Geschichte« (S. 44) beschrieben habe. Wir können sehr präzise auf unsere Gesundheit und unsere Lebensqualität Einfluss nehmen und innerhalb kurzer Zeit positive Veränderungen erreichen. Dann motivieren wir durch unsere spürbare Freude und Gelassenheit sogar andere Menschen dazu, den Herausforderungen des Lebens ebenfalls positiv zu begegnen.

Doch zunächst beginnt Veränderung immer bei jedem Einzelnen. Mit diesem Buch möchte ich dich dazu anregen, in erster Linie dir selbst Frieden und Liebe zu schenken. Wenn du mit dir im Reinen bist, kannst du gar nicht anders, als dieses Licht in die Welt hinauszustrahlen und deine Familie, deine Freunde und Nachbarn damit anzustecken. Dank Ho'oponopono hast du jeden Tag die Chance, belastende Erfahrungen aus deiner Vergangenheit zu korrigieren und dir eine glückliche und gesunde Gegenwart und Zukunft zu erschaffen.

Aloha!

Häufig gestellte Fragen

Die Fragen, die in meinen Workshops und Vorträgen häufig gestellt werden, beantworte ich auf den folgenden Seiten.

Warum fängt jeder Ritualsatz mit »Ich« an?

Das »Ich« am Satzanfang macht deutlich, dass *ich* ein Problem oder einen Konflikt aktiv angehen und etwas verändern will. Ich erwarte nicht, dass sich andere Menschen oder die Umstände ändern. Diese Einstellung beinhaltet zum Beispiel:
- Ich nehme mein Leben in die Hand.
- Ich räume in meinem Leben auf.
- Ich muss die Last, zum Beispiel eine Erkrankung, die Angst vor einer Behandlung oder einer Operation, nicht mehr länger tragen.
- Ich steige aus der Opferrolle aus.
- Ich übernehme die volle Verantwortung für mein Leben.
- Ich übernehme die Verantwortung für die Signale und Botschaften, die ich sende und empfange.
- Ich kann Fehler eingestehen.
- Ich lasse die Probleme und Konflikte in meinem Leben los und öffne mich für die Lösung meiner bisherigen Probleme.
- Ich verabschiede mich von negativen Einstellungen.
- Ich bin selbst für die Erreichung meiner gesundheitlichen (und anderen) Ziele verantwortlich.
- Ich bin ein wertvoller und wichtiger Teil der Gemeinschaft.

- Ich sage Ja zur Veränderung.
- Ich sage Ja zur Liebe.

Muss ich an Gott glauben, um Ho'oponopono anwenden zu können?

Meine beiden hawaiianischen Lehrerinnen Mona Kahele und Margaret Machado lehrten mich, an die wohlwollenden Kräfte des Universums zu glauben. Sie beteten vor und nach jeder Behandlung und schlossen in ihr Gebet alles, was lebt, mit ein. Zurück in Europa habe ich mich gefragt, ob Spiritualität und Glaube eine Voraussetzung für die Wirksamkeit von Ho'oponopono sind.
Mittlerweile habe ich erleben dürfen, dass Ho'oponopono bei jedem Menschen wirkt – egal, ob er eine traditionelle Religion praktiziert oder sich als spirituell bezeichnet, ob er eher kopfgesteuert oder gefühlsbetont ist. Ho'oponopono ist unabhängig von Einstellungen, Glauben oder spiritueller Erfahrung anwendbar und wirksam.

Warum ist die Frage nach der Schuld nicht hilfreich?

Ho'oponopono hebelt unser europäisches Verständnis von Schuld und Sühne völlig aus. Wir gehen in der Regel davon aus, dass jemand, der einem anderen Menschen Schaden zugefügt hat, sich schuldig gemacht hat und bestraft werden muss. Wer krank wird, denkt vielleicht, er habe etwas falsch gemacht und werde mit der Krankheit dafür bestraft. Auch durch die Mitmenschen und sogar durch Ärzte wird ihm vermittelt, er hätte besser auf seine Ernährung achten oder sich mehr bewegen sollen; dann wäre die Erkrankung vermeidbar gewesen. Diese Art von Schuldzuweisung unterstützt nicht die Gesundung und ist den Hawaiianern völlig fremd. Ihnen geht es darum, durch das Vergebungsritual eine negative oder problematische Situation zu korrigieren, um Liebe, Frieden und Heilung zu ermöglichen.

Wann und wo wende ich Ho'oponopono am besten an?

Wir können Ho'oponopono in jedem Augenblick unseres Lebens, zu jeder Tageszeit und an jedem Ort anwenden. Es ist egal, ob wir zu Hause oder unterwegs sind, in Ruhe oder aktiv. Es funktioniert während der Fahrt zu einer Behandlung, im Wartezimmer einer Arztpraxis und als Vorbereitung auf eine Untersuchung. Immer dann, wenn wir uns selbst oder einer anderen Person etwas Gutes tun wollen, kann uns das Praktizieren von Ho'oponopono die Unterstützung und Liebe geben, die wir brauchen.

Muss ich die Sätze des Ho'oponopono laut aussprechen?

Anfangs kann es hilfreich sein, sich die fünf Schritte des Ho'oponopono aufzuschreiben oder sie innerlich häufig zu wiederholen, bis man sie auswendig kann:

»Ich vergebe dir.
Ich bitte dich um Vergebung.
Ich vergebe mir.
Ich liebe dich.
Ich liebe mich.«

Um jederzeit Zugriff darauf zu haben, kann man sie auch in der Notizen-App des Smartphones speichern.
Ich glaube, dass das Ritual eine stärkere Wirkung hat, wenn man die Sätze laut ausspricht. Oft aber befindet man sich in einer Umgebung, in der das aus unterschiedlichen Gründen nicht möglich ist. Dann funktioniert es auch, die fünf Sätze nur zu denken, sie also im Geiste auszusprechen.

Muss ich die Sätze des Ho'oponopono von Anfang an so fühlen, wie ich sie sage?

Vielen Menschen fällt es anfangs schwer, jemandem zu vergeben, mit dem sie einen Konflikt haben, egal, ob es sich dabei um ein erkranktes Organ, eine störende Verhaltensweise oder einen arroganten Arzt handelt. Wenn der Widerstand gegen den vierten Satz, »Ich liebe dich«, besonders groß ist, reicht es zunächst aus, ihn in »Ich wünsche dir Gutes« umzuwandeln. Meiner Erfahrung nach stellen sich Gefühle von Wohlwollen und Liebe nach mehrmaliger Anwendung fast von allein ein, selbst wenn man die fünf Sätze zu Beginn noch eher mechanisch ausgesprochen hat. Das hängt damit zusammen, dass man mit jedem Aussprechen auch sich selbst Liebe

zukommen lässt. Ich empfehle dir, dir über diese Frage nicht so viele Gedanken zu machen.

Warum und wie oft soll ich das Ritual wiederholen?

Wie bei jedem Ritual wird auch die Wirkung von Ho'oponopono durch Wiederholung verstärkt. Es ist wie beim Sport: Je öfter man eine Trainingseinheit wiederholt, desto mehr Effekt erzielt man. Je häufiger man also Ho'oponopono anwendet, desto schneller verändert sich der Zustand, den man bearbeitet.
Wenn sich die Situation im Außen zum Positiven verändert hat, spürt man wahrscheinlich selbst, dass es jetzt genug ist. Ich lade dich ein, in dieser Hinsicht deinem eigenen Gefühl, deiner Intuition, zu folgen.

Warum soll ich die fünf Sätze mit einer Anrede beginnen?

Die fünf Sätze durch eine persönliche Anrede zu ergänzen, hat sich als besonders effektiv erwiesen, weil die Arbeit mit Ho'oponopono dadurch viel mehr in die Tiefe geht. Dazu einige Beispiele:

»Meine Neurodermitis, ich vergebe dir.
Meine Neurodermitis, ich bitte dich um Vergebung.
Meine Neurodermitis, ich vergebe mir.
Meine Neurodermitis, ich liebe dich.
Meine Neurodermitis, ich liebe mich.«

»Arzthelferinnen der Praxis Dr. Schmidt, ich vergebe Ihnen.
Arzthelferinnen der Praxis Dr. Schmidt, ich bitte Sie um Vergebung.
Arzthelferinnen der Praxis Dr. Schmidt, ich vergebe mir.
Arzthelferinnen der Praxis Dr. Schmidt, ich liebe Sie.
Arzthelferinnen der Praxis Dr. Schmidt, ich liebe mich.«

Ebenso kann man bei Krankenversicherungen, Kliniken und anderen Institutionen verfahren:

»Pflegeversicherung mit allen zuständigen Mitarbeitern, ich vergebe euch.
Pflegeversicherung mit allen zuständigen Mitarbeitern, ich bitte euch um Vergebung.
Pflegeversicherung mit allen zuständigen Mitarbeitern, ich vergebe mir.
Pflegeversicherung mit allen zuständigen Mitarbeitern, ich liebe euch.
Pflegeversicherung mit allen zuständigen Mitarbeitern, ich liebe mich.«

Soll ich den Grund für den Konflikt konkret benennen?

Es ist nicht unbedingt notwendig, so konkret zu werden und die fünf Sätze um den Grund für den Konflikt zu ergänzen. Meine Erfahrung bestätigt jedoch immer wieder, dass das Benennen des Problems und der damit verbundenen Gefühle den Reinigungs- und Heilungsprozess beschleunigt (angegeben ist jeweils der erste Satz, gesprochen werden alle fünf Sätze):

»Meine Neurodermitis, ich vergebe dir, dass du meine Kontakte mit anderen Menschen so stark beeinträchtigst.«
»Arzthelferinnen der Praxis Dr. Schmidt, ich vergebe Ihnen, dass ich mich oft so unfreundlich behandelt fühle.«
»Pflegeversicherung mit allen zuständigen Mitarbeitern, ich vergebe euch, dass ich um jede Bewilligung so lange kämpfen muss.«

Ist es besser, Ho'oponopono allein oder in einer Gemeinschaft zu praktizieren?

Die Antwort lautet kurz und bündig: Beides ist in Ordnung.
In meinen Workshops wird Ho'oponopono von den Teilnehmern in einer geschützten Umgebung ausprobiert, und geübt wird in der Regel zu zweit. So können sich alle an das Aussprechen der fünf Sätze gewöhnen. Später wenden die meisten Menschen das Ritual wahrscheinlich dann an, wenn sie allein sind. Auf die Wirkung und die angestrebte Veränderung hat das keinen Einfluss.

Kann man die Reihenfolge oder die Wortwahl der Ritualsätze variieren?

Vielleicht ist es dir in den Kapiteln »Sich behandeln lassen (müssen)« (S. 76) und »Ho'oponopono als Begleitung bei Unfällen und Operationen« (S. 83) aufgefallen, dass die fünf Ritualsätze mitunter ergänzt oder variiert wurden. In einer Schocksituation kann es geschehen, dass man die Sätze durcheinanderbringt oder sich nicht mehr an den genauen Wortlaut erinnert. Das verändert jedoch nicht die Wirkung des Rituals, denn diese beruht ja darauf, Aufmerksamkeit und Liebe in eine belastende Situation zu bringen. Wenn man beim Aussprechen der Sätze seiner Intuition folgt, kann man nichts falsch machen.

Kann Ho'oponopono eine ärztliche oder heilpraktische Behandlung ersetzen?

Obwohl Ho'oponopono keine ärztliche oder heilpraktische Behandlung ersetzen soll, empfinde ich es als großartige Ergänzung und Bereicherung schulmedizinischer Methoden. Dank seiner zahlreichen Korrekturmöglichkeiten bei allen gesundheitlichen Fragen und Problemen kann ich das Ritual uneingeschränkt empfehlen. Es ist nebenwirkungsfrei und einfach anzuwenden.
Anregungen für deine aktuellen Themen erhältst du auch durch mein Kartenset »Ho'oponopono – Die heilsame Kraft der Vergebung« sowie mein Buch »Das Herz für Erfolg öffnen – Mit Ho'oponopono Freude im Job und Fülle auf dem Konto«.

Lebensfreude, Liebe und Gesundheit wünscht dir
Deine Helena Kaletta

Über die Autorinnen

HELENA KALETTA hatte das Glück, Ho'oponopono und die Lomi-Lomi-Massage direkt an der Quelle von hawaiianischen Kahunas zu lernen. Dank ihres Wissens, ihrer langjährigen Erfahrung und ihrer Hellsichtigkeit ist sie Expertin für das hawaiianische Vergebungsritual, das sie selbst begeistert lehrt und in ihren Einzelberatungen anwendet.
Sie ist Heilpraktikerin für Psychotherapie und Erfolgscoachin.

www.entspannung-kaletta.de

MARLIES FÖSGES liebt es, einen Text in eine gut lesbare sprachliche Form zu bringen und ihm einen roten Faden zu geben. Sie hat entdeckt, dass sie nicht nur beim Schreiben eigener Bücher, sondern auch beim Überarbeiten der Manuskripte anderer Autoren ihrer Kreativität freien Lauf lassen kann.
Sie bietet als Kommunikationstrainerin Ausbildungen, Seminare und Coachings an.

www.foesges.de

Helena und Marlies brennen für das, was sie tun, und dank ihres Wissens und ihrer individuellen Fähigkeiten ergänzen sie sich hervorragend. Weitere gemeinsame Buchprojekte sind in Planung!

Das Kartenset zur Erfolgsmethode

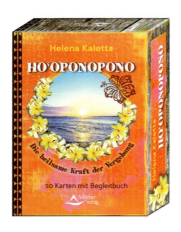

Helena Kaletta
Hoʻoponopono
*Die heilsame Kraft
der Vergebung*

50 Karten mit Begleitbuch
ISBN: 978-3-8434-9079-5

Hoʻoponopono ist die wohl schönste Form, inneren Frieden zu erlangen und somit wirklich frei zu werden.
Dieses wunderschöne Kartenset ist ein inspirierender Wegweiser, mit sich selbst und der Welt in Harmonie zu kommen, liebevolle Beziehungen zu führen und sich für das Bewusstsein zu öffnen, ein kostbarer Teil des großen Ganzen zu sein. Jede Karte besitzt einen ganz individuellen Ausdruck und schenkt Ihnen Impulse, sich mit Ihrem Herzen zu verbinden, achtsam mit sich selbst und anderen Menschen umzugehen und Wertschätzung und Liebe sowohl geben als auch empfangen zu können.
Entdecken Sie die Kraft von Hoʻoponopono, und öffnen Sie sich für Ihr spirituelles Wachstum.

Erfolgreich mit Ho'oponopono

Helena Kaletta
Das Herz für Erfolg öffnen
Mit Ho'oponopono Freude im Job und Fülle auf dem Konto

160 Seiten
ISBN: 978-3-8434-1326-8

Erfolg im Beruf und finanziellen Wohlstand – wer möchte das nicht? Aber oft stehen wir uns selbst im Weg, diesen Wunsch Realität werden zu lassen. Negative Erfahrungen, mangelndes Selbstvertrauen oder das Gefühl, nicht gut genug zu sein, hindern uns daran, das Leben so zu gestalten, wie wir es gern hätten.

Mit Ho'oponopono, dem hawaiianischen Vergebungsritual, können wir das, was uns bewusst oder unbewusst ausbremst, ganz einfach loslassen und uns auf Erfolg ausrichten. Ob Geldmangel, Arbeitslosigkeit oder Konflikte mit den Kollegen – anhand zahlreicher Beispiele aus der Praxis erfahren wir, wie wir mit Ho'oponopono unsere Probleme an der Wurzel packen können. So kommen wir mit uns selbst und anderen ins Reine und laden Freude und Fülle in unser Leben ein.

Danke für deine REZENSION

– Gemeinsam sind wir mehr –

Liebe Leserin, lieber Leser,

von Herzen danken wir dir, dass du dieses Buch in den Händen hältst und es bis zum Ende gelesen hast. Das bedeutet uns, dem Schirner Verlag und seinen Autoren, sehr viel. Aus voller Überzeugung und mit Hingabe widmen wir uns seit vielen Jahren Themen, die unser aller Lebensqualität und Bewusstwerdung dienlich sind, und hoffen, einen Beitrag für eine lichtvollere Welt leisten zu können. Wenn dir unsere Arbeit gefällt, möchten wir dich bitten, dir einige Minuten Zeit zu nehmen, um dieses Buch zu rezensieren. Warum? Die meisten Menschen lesen Rezensionen, bevor sie ein Buch kaufen, da sie hierdurch einen Eindruck bekommen, ob und wie der Inhalt des Buches den Leser erreicht hat. Eine kurze Rezension ist dabei ebenso hilfreich wie eine lange, sehr ausführliche. Um es auf den Punkt zu bringen:

Eine Rezension ist heutzutage die beste Werbung für ein Autorenwerk!

Wenn du den Schirner Verlag und seine Autoren neben dem Buchkauf auch anderweitig unterstützen willst, dann bitten wir dich: Schreibe für jedes Werk eine Rezension – am besten auf der Seite, wo du es gekauft hast, und zusätzlich beim Schirner Verlag und bei Amazon. Das wäre nicht nur eine Wertschätzung für die Autoren, sondern kann dazu beitragen, dass die Verkaufszahlen steigen und der Schirner Verlag auch in herausfordernden Zeiten Bestand hat.

WIE SCHREIBT MAN EINE REZENSION?

Grundsätzlich sollte eine Rezension aus der eigenen, subjektiven Sicht geschrieben werden, da es sich um eine persönliche Meinung handelt. Du kannst in zwei Sätzen deine Gedanken zu dem Buch äußern oder eine längere Rezension verfassen. Falls du nicht weißt, wie du beginnen sollst, hier ein paar Anregungen:

- War das Buch leicht verständlich geschrieben? Wie hat dir die Sprache gefallen? Wie empfandest du die Aufteilung der verschiedenen Themen?
- War es unterhaltsam? War es deiner Meinung nach mit Herzblut und Liebe geschrieben? Wie hat es auf dich gewirkt?
- Hat es dein Herz berührt? Konntest du dich wiederfinden?
- War es tief greifend genug? Hast du viel Neues gelernt?
- Hat es gehalten, was der Titel und die Buchbeschreibung versprochen haben? Hat es deine Erwartungen erfüllt?
- Was macht das Buch besonders? Warum sticht es heraus im Vergleich zu anderen Büchern, die ein ähnliches Thema behandeln?
- Würdest du das Buch weiterempfehlen oder verschenken?

Bildnachweis

www.shutterstock.com:
S. 1–152: Hintergrund Innenseiten #193044797 (© wow.subtropica); Hintergrund Hauptüberschriften #314035130 (© wow.subtropica); runder Bilderrahmen #193044797 (© wow.subtropica)

S. 7: #467945618 (© Jacob_09); S. 8: #690012241 (© Jacob_09); S. 12: #261883241 (© Marina Khlybova); S. 14: #1009880623 (© Syda Productions); S. 19: #417927202 (© vectorfusionart); S. 20: #448699921 (© Evgeny Atamanenko); S. 25: #401624755 (© Romolo Tavani); S. 27: #776068441 (© Flystock); S. 28: #274143101 (© Rick Partington); S. 31: #372969067 (© Sergey Nivens); S. 33: #1021982731 (© Aleksandr Simonov); S. 34: #447316501 (© yuttana Contributor Studio); S. 39: #1021932094 (© Monster Ztudio); S. 42: #617840372 (© everst); S. 47: #162825059 (© Syda Productions); S. 49: #116946712 (© Petar Paunchev); S. 50: #300375719 (© Evdokimov Maxim); S. 53: #327800027 (© puhhha); S. 56: #1011373984 (© Nicoleta Ionescu); S. 58: #1008807274 (© Nabilah Khalil); S. 62: #104135249 (© Igor Klimov); S. 67: #1038926656 (© Serhii Rudyk); S. 69: #250375267 (© rangizzz); S. 70: #395054341 (© Pressmaster); S. 74: #532220827 (© 3D_creation); S. 77: #270747038 (© VGstockstudio); S. 80: #734732989 (© PopTika); S. 84: #269593829 (© KonstantinChristian); S. 89: #731064709 (© Christine Bird); S. 91: #715171912 (© rawf8); S. 94: #341899721 (© TheaDesign); S. 101: #775820878 (© Senata); S. 104: #421080787 (© zffoto); S. 107: #368223875 (© Evgeny Atamanenko); S. 110: #524758264 (© klyots); S. 114: #186864950 (© Dubova); S. 118: #767751160 (© Khudova Ksenia); S. 123: #250745014 (© Antonio Guillem); S. 127: #78273466 (© Matej Kastelic); S. 128: #764767603 (© Min C. Chiu); S. 131: #657236164 (© Yevhen Rehulian); S. 132: #668390887 (© Kris Tan); S. 135: #547981819 (© eomgaa); S. 136: #386311978 (© Guenter Albers); S. 145: #160971161 (© Dirima); S. 146: #318574331 (© KieferPix)

Hibiskusblüte Innenseiten: © Elena Lebsack, Schirner